Dirk Beckmann
Was würde Apple tun?

D1935526

Dirk Beckmann

Was würde Apple tun?

Wie man von Apple lernen kann, in der digitalen Welt Geld zu verdienen

Econ

2. Auflage 2011

Econ ist ein Verlag der Ullstein Buchverlage GmbH

ISBN 978-3-430-20115-5

© Ullstein Buchverlage GmbH, Berlin 2011
Alle Rechte vorbehalten
Gesetzt aus der Officina und Akzidenz Grotesk
Satz: LVD GmbH, Berlin
Druck und Bindearbeiten: CPI – Clausen & Bosse, Leck
Printed in Germany

BIBLIOTHEK
der Industrie- und Handelskammer
für München und Oberbayern

NZ 290/633 A2

Inhalt

Warum Apple eigentlich alles falsch macht

Eigentlich dürfte Apple keinen Erfolg haben. Denn es ignoriert die üblichen Geschäftspraktiken der Branche. So bespielt das Unternehmen eine Vielzahl unterschiedlicher Märkte, besitzt keine klare Kernkompetenz und operiert im Rahmen einer eigenen integrierten Technikwelt. Es werden enorme Summen in Forschung und Entwicklung investiert. Die Mitarbeiter entwickeln Innovationen in interdisziplinären Teams mit enormem Aufwand und diskutieren dafür in zahllosen Meetings immer wieder über dieselben Probleme. Und bis zur endgültigen Markteinführung werden alle Informationen zu den neuentwickelten Produkten streng geheim gehalten. Was jedoch das Schlimmste ist: Alles, was Apple produziert, kostet Geld. Dabei schreibt zum Beispiel Chris Anderson, der Chefredakteur des einflussreichen Technologie-Magazins *Wired,* in seinem Kultbuch *Free,* wir würden in einer neuen wunderbaren Welt leben, in der wir die meisten unserer Produkte und Ideen kostenlos weggäben – und trotzdem Geld verdienten. Wenn man bedenkt, wie wenig Apple die vorherrschenden Prinzipien beherzigt, müsste jeder Investor sich weigern, dieser Firma auch nur einen Dollar zu geben.

Aber Apple braucht keinen Investor, es ist auch so extrem erfolgreich. Das Unternehmen hat seinen Börsenwert seit 1997 auf das über Sechzigfache steigern können, auf einen Wert, der größer ist als der von Google, Microsoft oder SAP. Manche gehen davon aus, dass Apple bald das wertvollste Unternehmen der Welt sein wird. Schon jetzt befindet sich die Firma aus Cupertino, Kalifornien, regelmäßig unter den erfolgreichsten Top-Unternehmen der USA. Viele sehen in Steve Jobs den besten Manager aller Zeiten. Mit Produkten wie iMac, MacBook, iTunes, iPod, iPhone und iPad erzielt Apple nicht nur riesige Gewinne, sondern hat ganz neue Märkte erfunden.

Die eingeweihten Mac-Jünger wussten es schon immer: Die Firma mit dem Apfel ist die beste Marke überhaupt. Viele Jahre wurden sie dafür belächelt. Im alten Streit zwischen Mac und PC hatten die PC-Leute bis Ende der neunziger Jahre viele Argumente auf ihrer Seite. Den Macianern blieb nur der Glaube.

Heute aber ist alles anders: Das System Apple rollt Märkte nach Belieben auf und steht für eine faszinierende Mischung aus Modernität, Lifestyle und Qualität. Das Beste für den Konzern und seine Aktionäre jedoch ist: Es wird Geld verdient. In fast jedem Feld ist der Konzern kaufmännisch erfolgreich.

Warum aber ist Apple so erfolgreich? Die Firma aus Cupertino ist sicherlich beseelt von einem charismatischen Chef, dem so gut wie alles zu gelingen scheint. Einem, der neue Produkte mit Keynotes ankündigt, die zum Vorbild für Tausende von Rednern geworden sind, und der immer wieder wegweisende Entscheidungen trifft.

Doch Apple ist nicht nur Steve Jobs. Apple ist ein Konzept. Ein Konzept, von dem es sich zu lernen lohnt, denn es handelt sich um eine Firma, die es zu ihrem Markenkern gemacht hat, unüberwindbar scheinende Hürden zu bezwingen, um Neues zu schaffen. Eine Firma, die verrückte Ideen verfolgt und diese konsequent umsetzt. Und so permanent neue Möglichkeiten entdeckt, digital Geld zu verdienen. Viel Geld, wenn man sich ein Barvermögen von über 50 Milliarden Dollar vor Augen führt.

Was macht Apple zu *dem* Innovator der digitalen Welt? Warum ist gerade dieses Unternehmen, dessen Erzeugnisse in breiteren Käuferschichten als zu teuer verschrien und bei Profis oft als Lifestyle-Produkt mit weniger Leistung und Funktionen verpönt sind, die innovativste Technologiemarke geworden? Was haben Produkte wie das iPhone oder das iPad, was sie von der Konkurrenz unterscheidet? Warum ist Apple ein globales Phänomen geworden?

Die Antwort ist: Apple tut Dinge nicht. Anstatt ein Gerät mit allen technisch realisierbaren Funktionen auszustatten, wie es die Konkurrenz gerne macht, lässt es möglichst viele weg. Eine zentrale Idee, die es Kunden erleichtert, Produkte von Apple zu verstehen, steht im Vordergrund. Visionen wie der erste tragbare Computer, der leichteste Laptop, der schnellste Server oder der einfachste MP3-Player bestimmen die Produktentwicklung, und nicht die Möglichkeiten der Technik.

Apple ist auch ein Lehrstück in Sachen Werbung. Ob die gezielt gestreuten Gerüchte vor Produktankündigungen oder der weltberühmte »Think different«-Spot während des Super Bowl 1997 – in fast allen Kategorien der Werbung ist Apple stilbildend. Etwa durch die Silhouetten tanzender Menschen, die mit ihren weißen Kopfhörer-Kabeln den Hype um den iPod mit entfachten. Oder durch die vergleichende Werbekampagne »Get a Mac«, bei der ein altmodisch wirkender, älterer Mann im Anzug als PC-User gegen einen gutaussehenden jungen Mann als Mac-User antritt. Mit diesen klaren, einfachen Kampagnen erreicht Apple Millionen von Menschen.

Die Webseite apple.com illustriert das Prinzip der Reduktion besonders gut: Auf der Einstiegsseite gibt es genau eine Botschaft. Obwohl Apple ein riesiges Kommunikationsbedürfnis hat und mit einer großen Bandbreite von Produkten am Markt aktiv ist, empfängt die Webseite den Besucher mit wenigen Navigationspunkten und einer aufgeräumten Startseite. Keine Marktschreierei, kein Blinken oder Ähnliches. Der reduzierte Aufbau der Webseite fokussiert ein bestimmtes Produkt und lenkt so die Aufmerksamkeit des Kunden etwa auf die neue iPod-Generation oder eine neue iTunes-Version. Schon seit Jahren gilt diese Seite als Vorbild für Webdesigner und steht Pate für zahllose Internetauftritte.

Doch Reduktion ist nicht das einzige Erfolgsrezept. Denn dass weniger mehr ist, haben schon andere gesagt, die bei weitem nicht so erfolgreich sind wie das Unternehmen mit dem Apfel. Die Art und Weise, wie Apple Geschäftsmodelle der alten, analogen Welt in die digitale überträgt, ist ein weiterer wichtiger Grundpfeiler des Erfolges geworden. Apple hat sich von einem Innovator, der die nutzerfreundlichsten Systeme erstellt, zu einer Lifestyle-Marke mit Konsumentenfokus gewandelt. Die Fähigkeit, Märkte mit vorher undenkbaren Geschäftsmodellen aufzurollen, macht die Firma zu einem Lehrstück, wenn es um den digitalen Wandel aus geschäftlicher Sicht geht. Die Erfolge von iTunes und dem iPod waren nur möglich, weil Apple bestehende Denkweisen aufgelöst und ein bisher unbekanntes Geschäftsmodell umgesetzt hat.

Während die Musikindustrie den digitalen Wandel komplett verschlafen hatte, entschied sich Apple, mit den verschiedenen Labels zu reden, um ein digitales Vertriebssystem für Musik zu entwickeln. Dazu mussten aufwendige Verhandlungen geführt und Überzeugungsarbeit geleistet werden. Mit Erfolg: Die Labels erwirtschaften heute einen relevanten Teil ihres Umsatzes mit dem größten Musikhändler der Welt, mit Apple. Die juristischen und technischen Hürden schienen unüberwindbar und haben alle anderen davon abgeschreckt, den von Apple absolvierten Weg überhaupt einzuschlagen. Niemand hatte geglaubt, Kunden würden jemals wieder Geld ausgeben für etwas, das sie auch ein paar Klicks weiter kostenlos bekommen können. Vor iTunes war es nahezu unmöglich, legal Musik im Internet zu kaufen. Heute gelten die einfach und schnell zu erwerbenden Musikdateien bei iTunes als preiswerte Alternative zur klassischen CD. Die Möglichkeit, einzelne Songs für 99 Cent zu laden, und der in der Regel einheitliche Preis für ein Album sind zum Maßstab für die gesamte Musikindustrie geworden.

Wie kaum ein anderes Unternehmen versteht Apple es außerdem, bestehende Hürden zu eliminieren, die gegen den Erfolg eines Projektes sprechen.

Wer beispielsweise den leichtesten tragbaren Computer bauen will, muss offensichtlich eine Menge Probleme lösen. Zu welchen radikalen Lösungen Apple bereit ist, kann man am Beispiel des MacBook Air sehen. Ein für jeden Computer bis dato gängiges CD-Laufwerk war zu schwer und zu groß, um Teil des leichtesten Laptops werden zu können.

Der leichteste Computer konnte darum nur ohne ein CD-Laufwerk entstehen, und das, obwohl jeder Nutzer hin und wieder einen CD-Brenner oder ein DVD-Laufwerk benötigt. Also wurde eine Technologie entwickelt, die die in der Regel vorhandenen CD-Laufwerke anderer Rechner über ein Netzwerk nutzbar macht. Wer mit einem MacBook Air unterwegs ist und auf einen anderen Apple-Benutzer trifft, kann dessen CD-Laufwerk nutzen, falls dieser es erlaubt. So wurde es möglich, Programme zu installieren oder Musik-CDs einzulesen, ohne das dazu nötige Gerät ständig mit sich tragen zu müssen. Es gibt Firmen, die hätten sich anders entschieden und ein CD-Laufwerk eingebaut. Dadurch hätten sie aber darauf verzichtet, etwas anzubieten, das völlig einzigartig ist: den leichtesten und dünnsten Laptop der Welt.

*

Die rasant zunehmende Digitalisierung der Lebens- und Arbeitswelt wirft viele Fragen auf. Eine der wichtigsten ist: Wie verdienen wir in Zukunft Geld? Das vorliegende Buch gibt Antworten, es zeigt, was man von Apple lernen kann, wenn man digital Geld verdienen und erfolgreich sein will. Der Titel des Buches, *Was würde Apple tun?*, ist »geklaut«. Er lehnt sich bewusst an das sehr lesenswerte Buch von Jeff Jarvis *Was würde Google tun?* an, weil es in vielen Bereichen eine Antithese zu den Behauptungen des Google-Verfechters bildet.

Jarvis' Aufruf, von Google zu lernen, führt in die Irre, denn Google ist ein digitaler »Möglichkeitenabsauger«, eine Firma, die Dinge tut, die nach ihr niemand mehr machen kann. Google bietet viele Ansätze, die man studieren und von denen man lernen sollte – vor allem die Genialität der Software begeistert immer wieder. Google ist aber auch eine Firma, die Dinge tut, weil sie möglich sind. Dahinter steckt keine große inhaltliche Vision – außer der, »nicht böse sein zu wollen« und die Welt komplett durchsuchbar zu machen. Beides schöpft an sich keinen Wert. Sicher, jeder Internetnutzer braucht heute eine Suchmaschine, um in den endlosen Weiten des World Wide Web überhaupt etwas zu finden. Und Werbekunden freuen sich über die zielgenauen Werbeplätze neben den Suchergebnissen, die Google gigantische Gewinne bescheren.

Warum man jedoch nicht viel von Google lernen kann, ist einfach: In einem unregulierten, globalen Markt gibt es das Modell Google genau einmal. Durch die astronomischen Gewinne aus der Suchwerbung kann Google so gut wie alles tun, inklusive eigene Energie erzeugen und Satelliten ins All schicken. Diese monetäre Vormachtstellung erlaubt Innovationen außerhalb der normalen Wirtschaftskreisläufe und außerhalb eines wirklichen Wettbewerbsdrucks. Eine heute noch nicht vorhandene globale und demokratische Netzgesellschaft würde einiges von dem, was Google tut, nicht zulassen, was wiederum die Marktdominanz von Google verändern würde und mehr Wettbewerb zuließe. Aber im Moment ist Google der wohl einflussreichste Monopolist der Welt.

Im Gegensatz zu Google steht Apple für eine digitale Transformation, die sich innerhalb traditioneller wirtschaftlicher Denkweisen vollzieht, und kann damit zu einem Vorreiter werden, der etablierte Wirtschaftszweige inspiriert. Denn wie andere Unternehmen auch hat Apple es sich nicht zur Aufgabe gemacht, die Welt zu retten, sondern Geld mit der Entwicklung attraktiver Produkte zu verdienen. Jeder kann sehen, wie konsequent das Unternehmen seine Produkte entwirft und realisiert. Wenn man ein Produkt von Apple in der Hand hält, spürt man, es hat das gewisse Etwas. Es hat eine »Seele« und macht Spaß. Oft begleitet ein Staunen die erste Begegnung mit einem der Apple-Fabrikate.

Apple ist deswegen so gut in dem, was es tut, weil es eine ideale Balance zwischen Nutzerinteressen, Geschäftsmodell und Technologie herstellt.

Wie kein anderes Unternehmen weiß Apple erstens mit den Bedürfnissen und Wünschen der Nutzer umzugehen und schafft damit die Basis für seine erfolgreiche Marke. Auch wenn Apple das Verhalten seiner Nutzer ganz genau analysiert, bei der Entwicklung neuer Produkte verlässt es sich anders als die Mehrzahl der Unternehmen nicht auf die Kundenwünsche, sondern auf seine Innovationskraft. Es reduziert sich darauf, einige wenige Funktionen zu perfektionieren, und schafft Produkte, die so ungewöhnlich neu sind, dass sie weit über aktuelle Kundenwünsche hinausgehen.

Zweitens verlangt Apple von jedem Kunden einen Preis für seine Produkte. Dabei entwickelt die Firma aus Cupertino neue digitale Geschäftsmodelle, die einerseits die neuen Möglichkeiten und Erfordernisse des Internets, andererseits aber auch die eigenen unternehmerischen Ziele berücksichtigen. Durch diesen Ansatz liefert es Produkte, die nicht nur schön und einfach zu bedienen sind, sondern auch sehr viel Geld in die Kassen des Unternehmens spülen.

Drittens verfügt das Unternehmen über eine technologische Kompetenz, die ihresgleichen sucht. Von der Hardware bis hin zur vielgelobten Software – Apple ist Weltklasse. Dabei versteht Apple wie kaum eine zweite Firma, dass Technologie immer dann besonders gut ist, wenn Nutzer sie gar nicht erst bemerken. Einfach zu bedienende Geräte sind eben nicht nur eine Frage der richtigen Konzepte, sondern auch das Ergebnis genialer Technik, die in einem integrierten Ganzen geräuschlos ihren Dienst verrichtet.

Firmen wie Apple haben eine andere Innovationskultur als klassische Unternehmen entwickelt. Ideen sind im IT- und Internet-Sektor zwar von Beginn an Motor für Wachstum gewesen. Viel wichtiger als die Idee ist allerdings, wie aus ihr ein fertiges Produkt oder eine Dienstleistung wird. In welchen Prozessen und mit welcher Grundhaltung der Mitarbeiter. Erst wenn die Idee so einfach und schnell zu verstehen ist, dass sie für sich selbst sprechen kann, wird sie am Markt Erfolg haben. Denn wem der Nutzen oder der Vorteil eines Produkts auf Anhieb einleuchtet, wird auch bereit sein, Geld dafür auszugeben. Weil Apple diese einfache Wahrheit bei seinen Innovationsprozessen beherzigt, sind seine Kunden sehr zum Ärger der Wettbewerber und der Kritiker bereit, mehr für weniger Funktionen zu bezahlen. Das gelingt jedoch nur, wenn es die richtigen sind.

Es lohnt sich, über den Apple-Weg nachzudenken, wenn man in der digitalen Welt sein Geschäft auf- oder ausbauen will. Es lohnt sich, neue und vorhandene Produkte und Dienstleistungen mit dem Wissen um die Ideen und Konzepte von Apple neu zu bewerten.

Wie Tausende Webdesigner sich täglich fragen, wenn sie eine neue Webseite gestalten, was würde Apple tun, kann sich jeder fragen, was er von der Firma mit dem angebissenen Apfel lernen kann.

Warum kann man von Apple lernen?

Warum soll man sich Apple zum Vorbild nehmen und nicht etwa Google, Facebook oder eine der anderen erfolgreichen Internetfirmen? Während die letztgenannten jungen Unternehmen die digitale Revolution für sich nutzen, indem sie in weitestgehend unregulierten Märkten agieren, verbindet Apple seine dreißigjährige Erfahrung in der klassischen Wirtschaft mit den neuen Möglichkeiten des Internets. Diese neuen Möglichkeiten und ihre unternehmerische Bedeutung werden im folgenden Kapitel hinterfragt: Ist Offenheit, also die Forderung nach freier Verfügbarkeit von Informationen, Software oder Musik, pauschal gut? Sind die Nutzer in ihrer Gesamtheit wirklich schlauer als die Profis? Und können Produkte und Dienstleistungen, die nichts kosten, irgendwann zu Umsatz und Gewinn führen? Oder haben die einfach zu bedienenden, geschlossenen Systeme nicht vielmehr enorme Vorteile? Und verursachen nicht alle – auch die frei zugänglichen – Angebote letztlich doch Kosten, die vom Nutzer mitgetragen werden? Etwa durch die Preisgabe persönlicher Daten, die an Werbekunden verkauft werden?

Apple ist der bessere Lehrmeister

2009 während der Münchner Medientage: Der Amerikaner Jeff Jarvis liest Journalisten und Verlegern per Skype-Video-Konferenz die Leviten. Wie in seinem Bestseller *Was würde Google tun?*, ein Buch über die Erfolgsstrategien des Internetgiganten, postuliert er den Untergang des traditionellen Journalismus. Er behauptet, Verlage seien ein Auslaufmodell und würden schon bald auf einen Bruchteil ihrer heutigen Größe schrumpfen. Er rät Verlagen und anderen Geschäftsleuten, von Google zu lernen.

Doch was kann ein Verlag von Google lernen? Er soll offen sein, antwortet Jarvis. Das heißt: Er soll eine technische Vormachtstellung einnehmen, die Massen bei der Gestaltung der Inhalte mitmachen lassen und auf anderen Wegen als bisher zu Geld kommen. Doch genau das versuchen die Verlage bereits seit über zehn Jahren. Und die Folge? Durch ihre kostenlosen Angebote im Netz wird es für die Leser immer unattraktiver, sich eine gedruckte Zeitung oder Zeitschrift zu kaufen. Die sinkenden Abonnementzahlen sind der Beweis. Das offene Netz bringt den Verlagen daher bis heute vergleichsweise wenig Geld ein. Und Werbung zu verkaufen ist im Internet schwieriger als in der klassischen Welt der Druckausgaben. Denn digital ist alles mindestens zehnmal vorhanden, mit einem einfachen Klick erreichbar – auch die Werbeplätze. Die Werbeeinnahmen pro Anzeige sind im Netz zudem geringer, weil viel weniger für die gleiche Aufmerksamkeit berechnet werden kann. Das ist die Crux am Internet: Alles ist möglich. Und daher gibt es alles Mögliche. Das kommt zwar den partikularen Interessen der Menschen entgegen, in einer »Economy of Scale«, in der Produkte über Aufmerksamkeit verkauft werden, ist eine derartige Fragmentierung aber geschäftsschädigend.

Jarvis beschreibt auch den Niedergang der Werbeagenturen. Weil der Kunde Produkte über soziale Netze weiterempfiehlt und sie auf offenen Plattformen selbst mitentwickelt, würden klassische Werbeagenturen überflüssig. Doch wer erzeugt dann noch die Emotionen, die notwendig sind, um Marken zu etablieren und Produkte zu verkaufen? Nur durch Werbung kann gezielt ein stetiger Bedarf geweckt werden, der zum Erfolg von industriell gefertigten Massenprodukten führt. Diese Art der realen Wirtschaft hat zu dem Wohlstand geführt, den wir heute in weiten Teilen der westlichen Welt sehen.

Nach Jarvis' Auffassung befinden wir uns inmitten einer neuen wirtschaftlichen Realität, die kein Unternehmen so perfekt verstanden hat wie der Suchgigant aus Mountain View in Kalifornien. Niemand bestreitet die Genialität der Google-Erfindungen, und jeder weiß, dass das Geschäftsmodell der Suche von Google nahezu perfekt ist. Aber wer Google als geeigneten Lehrmeister betrachtet, verkennt: Google verdient Milliarden aus einer Position heraus, die niemand anders mehr einnehmen kann.

Google nimmt enorme Summen durch den Verkauf von Anzeigenplätzen in seinen Suchergebnissen ein. Dadurch kann es Angebote in allen anderen digitalen Geschäftsfeldern erst einmal quer subventionieren und kostenlos zur Verfügung stellen. Nach diesem Prinzip bestimmt Google die nahezu unregulierten, digitalen Weltmärkte. Seine kostenlosen Angebote eliminieren jeden Wettbewerb. Dabei sind die Inhalte, die Google nutzt, um seine Werbung daneben zu platzieren, nicht vom Suchgiganten selbst. Sie stammen von Verlagen, Firmen oder Privatpersonen. Mit anderen Worten: Google hat seine First-Mover-Position ausgenutzt, um in einem unregulierten Markt trotz strittiger Urheberrechtsfragen Fakten zu schaffen. Das geniale Geschäftsmodell von Google basiert letztlich im Kern auf der Vermarktung fremder Inhalte.

Anders Apple.

Apple schafft es, in den vorhandenen Geschäftsmodellen und Kundengewohnheiten zu denken und diese weiterzuentwickeln. Diesem Prinzip bleibt Apple auch mit dem iPad treu. Als Steve Jobs das neuartige Gerät präsentierte, wurde es von den Profis zerrissen – es gebe keinen Bedarf für ein Gerät zwischen Computer und Telefon, es löse kein echtes Problem, die Technik sei mau, Features fehlten, kurz: Es werde ohne Erfolg bleiben. Sicher ist jedoch: Fast alle Produkte von Apple sind ein Erfolg. Sie tragen dazu bei, dass die Firma mit dem Apfel heute Milliarden in der Kasse hat – mehr noch als Google oder Microsoft. Im Gegensatz zu Google gelingt es Apple, eine begehrenswerte Marke und ein ideenreiches Technologieunternehmen zu sein. Während Google als Marke spröde ist, von Wissenschaftlern gegründet und geleitet, löst Apple bei den Kunden Emotionen aus.

Apples Erfolg zeigt: Es gibt einen Weg zwischen dem

wilden Westen des Internets, wie er von Google repräsentiert wird, und einem ewig gestrigen Festhalten an den »guten alten Zeiten« vor dem Netz. Wer diesen Weg gehen will, muss sich die Mühe machen, Bestehendes weiterzuentwickeln. Dabei muss er einerseits innovative Produkte und Dienstleistungen anbieten, andererseits aber auch die vorhandenen Realitäten in Betracht ziehen. Realitäten, die aus Menschen bestehen, die Technologie nutzen wollen, ohne Fachleute sein zu müssen. Es ist ein Weg, auf dem man zu viel Geld kommen kann.

Im Internet gilt es zwar als unpopulär, wie Apple mit geschlossenen Systemen Geld zu verdienen. Doch – und das hat das Beispiel der Zeitungen gezeigt – die totale Freiheit und Offenheit des Netzes führen an einigen Stellen dazu, dass Wertschöpfung verhindert wird. Apple gelingt es dagegen, den Kunden einen rationalen und einen gefühlten Mehrwert, Qualität und ein Erlebnis anzubieten, und erwartet dafür einen Gegenwert: den Preis. Die Kunden zahlen ihn gern.

Offenheit ist kein Geschäftsmodell

Eines der wichtigsten Argumente für den Erfolg des Internets und seiner schnellen Verbreitung ist die Offenheit der Technologie. Die zugrunde liegenden technischen Strukturen sind im Wesentlichen frei zugänglich. Das Prinzip von Offenheit und Freiheit ist ganz nach amerikanischem Vorbild Gründungsgedanke des Internets und gilt vielen als höchstes Gut. Der freie Zugang zu Informationen aller Art darf nicht beschränkt werden, heißt es.

Doch bei der Überführung der technischen Offenheit in Geschäftsmodelle haben viele Geschäftsführer und Manager seit Ende der neunziger Jahre Fehler gemacht. Sie haben das technische und ethische Modell des Netzes (Offenheit) als kaufmännische Methode etabliert und Produkte kostenlos ins Netz gestellt. Heute wundern sich die Firmen, dass die Kunden für viele Angebote im Netz kein Geld ausgeben wollen. Einige sprechen sogar davon, im Internet sei überhaupt kein Geld zu verdienen, und behaupten, man würde in Zukunft nur noch das Nötigste tun, um dabei zu sein. Gegen eine technisch offene und für alle gleichermaßen zugängliche Infrastruktur ist nichts einzuwenden. Die Unternehmen müssen sich jedoch fragen, ob sie ihre Geschäftsmodelle anpassen und wieder Geld für ihre Leistungen verlangen sollten. Warum sollte beispielsweise eine Zeitung oder ein Buch im Internet kostenlos sein? Ein Unternehmen, das keine Einnahmen hat, wird auch in der digitalen Welt nicht lange überleben.

In den vergangenen zehn Jahren wurde immer wieder behauptet, dass sich die Offenheit gegenüber Kunden lohnen wird. Man müsse Kunden nur in die Produktentwicklung, den Kundenservice oder in die Preisgestaltung einbeziehen, schon werde man erfolgreich. Zum Beweis wird dann oft das Beispiel der Architekten angeführt, die nicht wussten, wohin sie die Wege auf einem Universitäts-Campus setzen sollten. Sie legten deshalb gar keine an und nahmen später die Spuren der Menschen auf dem Gras als Blaupause. Lasst die Leute machen, dann wird alles gut, ist hier die Botschaft. Doch die Einbindung der Kunden oder Nutzer hat eine Kehrseite. Es ist eine Frage von Professionalität, zu entscheiden, wie Straßen angelegt werden müssen. Architekten studieren, um solche Dinge zu wissen. Ein Campus, der sich ganz an den momentanen Wünschen der Studenten orientiert, wird langfristig nicht funktionieren. Was passiert, wenn es schneit oder ein Feuer ausbricht?

Journalismus ist ein weiteres Beispiel: Wer wirklich wissen will, wie sich eine Sache verhält, wird sich auch heute im Zeitalter der Blogs, Kommentare und Bürgerjournalisten auf eine Zeitung verlassen. Denn nur der Journalist, dessen Reputation und berufliche Zukunft an seinem Bericht hängen, wird sich die allergrößte Mühe geben, auch alle Informationen mit mehreren Quellen abzusichern. Es ist mühsam, professionell zu sein. Die Medienkrise, die Krise der Musikindustrie, die Krise des Films oder die noch folgenden Krisen sind auch ein Produkt von falsch verstandener Offenheit.

Die technischen Grundlagen des Internets bieten theoretisch allen die Ressourcen, ihre Träume zu erfüllen. Jedermann kann Technologien verwenden und zum Beispiel Webseiten ins Netz stellen. Jeder ist in der Lage, ein Sender zu sein, und nicht länger dazu verdammt, nur wahrzunehmen, was Medienhäuser ihm vorsetzen.

Jeder?

Es ist falsch anzunehmen, das Netz führe durch seine offenen Systeme zu demokratischeren Strukturen. Denn die Anzahl der Menschen, die offene Technologien wirklich verstehen und sie demzufolge auch nutzen können, ist verschwindend gering. Das theoretische *Könnten* ersetzt nicht das praktische *Können*.

Die meisten Menschen sind nicht in der Lage, HTML-Seiten so zu programmieren, dass diese auch von Suchmaschinen gefunden werden. Nur wenige können das Open-Source-Betriebssystem Linux in seiner aktuellsten Distribution auf einem PC installieren. Auch der Umgang mit freier Software wie OpenOffice oder die Einrichtung eines Blogs wie Wordpress auf dem eigenen Webserver ist nicht jedermanns Sache.

Auch wenn das Netz und allen voran Google eine Menge neue Möglichkeiten zur Selbstentfaltung bieten, heißt das nicht, dass alle Menschen diese auch nutzen können. Man könnte sogar sagen, dass Freiheit und Offenheit, die zum Prinzip im Netz erkoren wurden und zu zahlreichen kostenlosen Technologien führten, auch eine große Hürde darstellen – für die Mehrzahl der Menschen, die sich nicht Tag und Nacht mit dem Internet beschäftigen.

Und an dieser Stelle setzt das Apple-Prinzip an.

Apple hat zum Beispiel mit dem iPad eine neue Kategorie Computer erfunden und einen neuen Markt kreiert. Nicht für die Technologieprofis, sondern für eine Gesellschaft, die müde ist, Ordner in Ordner zu schieben, und die bis heute nicht verstanden hat, warum man auf »Start« drücken muss, um den Computer auszuschalten. Durch das iPad kann jeder an der digitalen Revolution teilhaben. Sicher: Man kann die Geschlossenheit der Apple-Systeme kritisieren – doch wer sich wie Apple das Grundprinzip der Vereinfachung auf die Fahnen schreibt, um Menschen zu erreichen, muss Kompromisse machen. Anders ausgedrückt: Die integrierten und proprietären Systeme von Apple sind entstanden, um eine einfache Nutzung erst zu ermöglichen. Und natürlich, um damit Gewinne zu realisieren.

Die meisten Menschen können einen einfachen Text schreiben, im Internet surfen und eine E-Mail beantworten. Aber sich täglich im Web 2.0 bewegen, dort bloggen, kommentieren oder selbstentwickelte Programme online stellen, das tun nur wenige. Und selbst die Profis sind kaum noch in der Lage, die Flut der Funktionen und Möglichkeiten zu überblicken.

Oft wird argumentiert, es handele sich bei diesen »Nicht-Könnern« um eine aussterbende Spezies, um Menschen, die zu alt seien, um die neue Welt zu verstehen und darin aktiv zu werden. Aber gerade die jüngere Generation, aufgewachsen mit den neuen Medien, gern als »Digital Natives« bezeichnet, versteht in großen Teilen nicht, was sie im Internet tut, und sitzt vor Facebook wie vor einer TV-Serie – in Medienkonsum-Laune. Viele wissen nicht, was mit ihren Daten passiert, und wundern sich später, wenn sie sich bewerben, was man im Netz alles über sie findet.

Die ständige Forderung nach Offenheit ist vergleichbar mit einer radikalen Marktgläubigkeit in wirtschaftspolitischen Fragen. Nur keine Regulierung, der Markt – heute das Netz – wird es schon richten. Jeder Versuch, bestimmten Praktiken Einhalt zu gebieten, wird als rückständig und aussichtslos gebrandmarkt. Die Propheten wandern von Kongress zu Kongress und versichern einander: Das Netz muss bleiben, wie es ist. Lasst Google alle Bücher der Welt ohne Rücksicht auf Nutzungsrechte digitalisieren oder alle Orte ohne Rücksicht auf Privatsphäre fotografieren, denn die Offenheit ist zum höchsten Gut geworden. Ob Autoren weiterhin davon leben können, Bücher zu schreiben, steht auf einem anderen Blatt. Lasst andere darüber nachdenken, ob man mit Offenheit auch Geld verdienen kann.

Selbstverständlich gibt es Menschen, die mit Offenheit erfolgreich sind. Seth Godin zum Beispiel, der sein Buch *Unleashing the Ideavirus* als digitalen Download kostenlos zur Verfügung gestellt hat. Viele seiner Fans wünschten sich daraufhin ein lesefreundliches, gebundenes Buch, wodurch Godin seinen verlegten Text besser verkaufte als je zuvor. Funktioniert Offenheit also doch? Ja, für einen, der es bereits geschafft hat. Godin ist eine globale Marke, einer, der Orientierung im digitalen Wandel gibt. Er gehört zur Elite. Für ihn ist die neue Welt wie geschaffen. Seth Godin könnte auch vom Verkauf von T-Shirts, von Kaffeetassen oder selbstgestickten Decken leben. Er kann sich der unendlichen Möglichkeiten bedienen. Er versteht die Offenheits-Ökonomie und weiß sie zu nutzen.

Der normale Sachbuchautor wird es jedoch schwerer haben als Godin. Die Arbeit von Monaten oder Jahren einfach als Download wegzugeben, kann er sich nicht leisten. Er will und muss davon leben, und vor dem Offenheitswahnsinn konnte er das auch. Nicht anders geht es dem Lokalreporter, dem Kartographen, dem Musiker oder dem Kameramann.

Der Wert des Preises

Mit dem Entstehen der sogenannten Tauschbörsen im Internet Ende der neunziger Jahre wurde es gerade für die jungen Zielgruppen immer uninteressanter, sich legal Musik auf Tonträgern zu kaufen. Ausgestattet mit einem digitalen Abspielgerät, dem MP3-Player, und einem PC, konnten sie Musik kostenlos aus dem Internet laden und mit Freunden tauschen. Es gab eine Zeit, in der viele Jugendliche Festplatten voller Musik und Filme mit sich herumtrugen, um sie dann ihren Freunden zu überspielen. Die daraus resultierenden zum Teil dramatisch gesunkenen Umsätze bei Händlern und Produzenten verursachten eine umfassende Veränderung der ganzen Musikbranche. Als Apple mit dem iTunes Music Store und dem dazu passenden Abspielgerät iPod ein Modell zum legalen Verkauf von digitaler Musik anbot, war es für einige Musikverlage schon zu spät. Kein Musiklabel hat es bis heute geschafft, ein relevantes, digital erfolgreiches Geschäftsmodell ähnlich der iTunes-Idee zu realisieren.

Dabei ist das Produkt Musik geradezu ideal für die digitale Zeit: Es kann einfach kopiert werden, man kann es in kleinen Teilen verkaufen, und es ist sofort nutzbar. Denn anders als bei einem Sofa oder einer Packung Müsli kann man das Lied oder Album direkt nach dem digitalen Zustandekommen des Geschäfts konsumieren und muss nicht erst noch lange auf die Lieferung warten.

Ob Musik, Software, Filme oder Bücher – die Medienmanager unserer Zeit haben eine Menge Prügel bezogen. Sie wurden als rückständig und visionslos bezeichnet, weil sie keine Ideen hatten, um gegen die kostenlose Downloadkultur anzukommen. Da die Musikindustrie Anfang der Nuller-Jahre keine Perspektive für das Geschäft mit digitaler Musik mehr gesehen hatte, konnte Apple in diese Lücke stoßen. Als heute größter Musikhändler der Welt hat es eine neue, kundenfreundliche Methode zum digitalen Vertrieb von Musik gefunden und konnte dadurch wieder Geld für eine vormals kostenlose Leistung verlangen.

Wie aber war das möglich? Apple hat nicht Tausende von musikbegeisterten Downloadern gefragt, was sie wollen, sondern sich selbst Gedanken gemacht. Dabei hat das Unternehmen eine Marktlücke entdeckt: digitale Musik legal verfügbar zu machen, und zwar für Menschen, die einfach nur Musik hören wollen. Die sich nicht darum kümmern möchten, ob Lieder richtig »getagged« sind oder mit der richtigen Auflösung digitalisiert wurden. Und um die Idee erfolgreich umzusetzen, war Apple bereit, einen steinigen Weg zu gehen: die schwierigen Vertragsverhandlungen mit der Musikindustrie, die Entwicklung völlig neuer Software, das Designen ansprechender Geräte und die aufwendige Verbindung aller Teile zu einem funktionierenden Ganzen. Mit iTunes entstand am Ende ein Verkaufsshop, der einer musikbegeisterten kaufkräftigen Kundschaft ein perfektes Produkt anbietet.

Wie weit wäre Apple mit Offenheit gekommen? Hand aufs Herz: Wer würde für einen iTunes-Song bezahlen, wenn direkt neben der kostenpflichtigen Variante das Angebot stünde: »Diesen Song hier kostenlos herunterladen«?

Wer digitalisierte Produkte anbieten will, muss ihren physischen Wert schützen. Eine gedruckte Zeitung oder ein gedrucktes Buch enthalten neben dem Vervielfältigungsverbot automatisch einen »Kopierschutz«, denn es ist aufwendig und teuer, sie zu kopieren. Wie kann ein Text, ein Artikel oder ein Lied in der digitalen Welt verkauft werden, wenn die jeweilige Kopie in Millisekunden erstellt und um die Welt geschickt ist? Diese Frage zu beantworten ist eine zentrale Aufgabe der Zukunft; nur durch ihre Lösung können die neuen Medien ein Erfolg für die gesamte Wirtschaft und ihre Akteure werden.

Wie die Frage nach dem urheberrechtlichen Schutz der Produkte auch beantwortet werden wird, eins ist schon jetzt klar: Um in der digitalen Welt mit Ideen und professionellen Angeboten Geld zu verdienen, müssen die »normalen« Menschen berücksichtigt werden. Die Propheten, Entwickler und Multiplikatoren sind als Zielgruppe zu klein, um unternehmerisch zu überleben. Eine Erfolgsformel ist deshalb, komplizierte Dinge einfach zu machen und breite Zielgruppen zu erreichen, um Gewinne zu generieren. Dabei kann nicht immer verhindert werden, dass Systeme reglementiert, Produkte geschützt und Abläufe aus technischer Sicht abgeschlossen werden. Denn nur so kann man sichergehen, dass die Nutzer auch zu Kunden werden und bezahlen.

Allerdings wäre es falsch, die Internetwirtschaft zu einem komplett reglementierten Markt zu machen, weil die totale Offenheit bisher nur einigen wenigen Geld eingebracht hat oder weil man glaubt, die alten Geschäftsmodelle erhalten zu müssen. Deswegen ist es auch fragwürdig, ob die Forderung nach einer staatlichen Regulierung beispielsweise in Form des in Deutschland vieldiskutierten Leistungsschutzrechtes der richtige Weg ist.

Offene, technische Plattformen können zu einem wichtigen Element einer Strategie werden. Auch Apple bietet offene Plattformen an und nutzt Open-Source-Lösungen in seinen Angeboten, dazu gehört beispielsweise Darwin, der Kern des Betriebssystems Mac OS X, oder Webkit, die Grundlage von Apples Webbrowser Safari. Aber Offenheit alleine reicht eben nicht aus, um in der digitalen Welt finanziell zu bestehen. Wer will, dass die Menschen für Leistungen bezahlen, muss Produkte schaffen, die ihren Preis wert sind, und er muss sie am Markt durchsetzen.

Nutzer sind keine Erfinder

Es gibt Hersteller, die lassen ihre Kunden die Produkte entwickeln oder geben den Kundensupport an begeisterte Nutzer ab. »Crowdsourcing« nennt man das. Nutzer werden hier an der Lösung unternehmerischer Aufgaben und Probleme beteiligt. Verfechter dieser Auslagerungsidee behaupten, die Masse sei schlauer als einzelne Experten und schaffe daher die besseren Produkte oder Inhalte. Man kann natürlich auch anderer Ansicht sein, wie etwa Nicolas Carr. Er bezeichnet das Web 2.0 als »Diktatur der Amateure«.

Trotzdem: Es ist en vogue, Crowdsourcing zu betreiben. Jeff Jarvis beschreibt in seinem Buch *Was würde Google tun?*, wie Google offene Plattformen entwickelt und diese dann auf Basis der Kundenwünsche optimiert. Der Trend, Kunden in die Produktgestaltung oder -konfiguration einzubinden, wird auf Kongressen, die sich ausschließlich diesem Thema widmen, diskutiert. Es sei die Demokratisierung der Produktentwicklung und das Erfolgsmodell für die Zukunft, hört man überall.

Apple hingegen vertraut auf die eigenen Fachleute. Es sind hochqualifizierte Techniker, Designer und Strategen, die bei Apple neue Produkte erfinden. Denn die Hoheit über die Produktentwicklung gibt der Konzern mit dem

Apfel nicht aus der Hand. Traditionelle Firmen verstehen vielleicht nicht, was an dieser Aussage so ungewöhnlich ist, denn so haben sie schon immer gearbeitet. Aber wer erste Gehversuche in der digitalen Welt unternimmt, ist umgeben von Beratern, die das offene Prinzip des Internets propagieren. Lasst eure Kunden erfinden, schreiben, denken und mithelfen, ist die Devise. So schön die neue Welt der mitdenkenden Masse auch scheint – sie ist nicht nachhaltig. Bei aller Euphorie, mitmachen zu dürfen, bleibt die Ausarbeitung eines Konzeptes Arbeit, bleibt das Schreiben eines Textes ein Akt, der richtig professionell erst ausgeführt wird, wenn man dafür entlohnt wird. Noch wichtiger: Warum sollten Nutzer für etwas, das sie selbst können, Geld bezahlen? Jemand muss sich mein Geld erst einmal durch eine besondere Leistung verdienen, werden die meisten denken, bevor sie bereit sind, für etwas zu zahlen.

Eine Firma wird im digitalen Sektor nicht dadurch erfolgreich, dass sie die Masse bittet, neue Ideen zu entwickeln, Texte zu schreiben oder Filme zu drehen. Sondern durch die souveräne Definition eines klaren Produktnutzens oder durch die eigenständige Entwicklung eines unverwechselbaren Designs im Rahmen eines Geschäftsmodells, das für den Hersteller und den Kunden funktioniert. Das wusste auch schon Henry Ford, der einmal sagte: »Wenn ich meine Kunden gefragt hätte, was sie wollen, hätte ich schnellere Pferde entwickeln müssen, keine Autos.«

Trotzdem führen beispielsweise viele Internetseiten das Wort »Beta« im Logo, um deutlich zu machen, dass sich die Webseite noch im Aufbau befindet. Und um dem Nutzer zu signalisieren, dass er mithelfen kann, alles besser zu machen. Das Web 2.0 ist voll von solchen Seiten. Wer kein »Beta« auf sein Angebot schreibt, gilt bei manchen Experten sogar als rückständig.

Nutzer einbeziehen ist gut und wichtig, und wer »Betaversionen« für seinen Entwicklungsprozess benötigt, soll sie einem ausgewählten Kreis zugänglich machen. Unfertige Lösungen zu früh auf den Markt zu werfen, wird auf normale Menschen jedoch wie der Versuch wirken, sie zu veräppeln.

Zahlende Kunden erwarten Produkte von höchster Qualität, die man liefern sollte, will man digital Umsätze machen. Kunden wollen das Erworbene auspacken oder anklicken und dann sofort loslegen. Sie wollen einen Text schreiben, einen Film schneiden oder etwas spielen. Aber kein Geld für Unfertiges ausgeben.

Natürlich ist auch Apple am Feedback seiner Abnehmer interessiert und integriert es in die Produktentwicklung. Aber es macht den Kern seiner Arbeit selbst und versucht nicht, die Aufgaben auf andere abzuwälzen. Es entwickelt Produkte für zahlende Kunden und ist überzeugt, mit den eigenen Mitarbeitern und Arbeitsprozessen die geeigneten Ressourcen dafür zu haben. Dabei nutzt es die Meinungsvielfalt und die Ideen von Kunden und Partnern, bleibt aber immer selbstbewusster Hersteller, der die Fäden in der Hand behält.

Apple baut im Sinne von Henry Ford etwas Neues, wie ein Auto, während andere bloß die Pferde optimieren.

Was kann man von Apple lernen?

Zu behaupten, es gäbe eine offizielle Apple-Methode, die als Blaupause für Innovationen gelten könnte, wäre falsch. Apple redet nicht viel über sich selbst und gibt ungern interne Geheimnisse preis. Man weiß zu wenig von dem Erfolgsunternehmen, um von einer übergreifenden Methode sprechen zu können. Es gibt allerdings immer wieder Berichte von Mitarbeitern, die Einblicke in das Unternehmen zulassen. Nicht zuletzt geben die Produkte und die Art, wie sie vertrieben oder beworben werden, Hinweise auf die Arbeitsweise von Apple.

Die Strategien und Methoden im folgenden Kapitel erklären den Erfolg des Unternehmens. Sie dienen als Anhaltspunkte für all jene, die von Apple lernen wollen, erfolgreiche Innovationen zu erzeugen. Jeder der fünfzehn Abschnitte kann als Startpunkt dienen, um in die Denkweise von Apple einzutauchen.

Dabei werden unter anderem folgende Fragen beantwortet: Wie entwickelt Apple seine Ideen? Auf welcher Grundlage werden sie bewertet? Mit welchen Mitteln werden sie umgesetzt? Welche Rolle spielt die Zusammenarbeit zwischen den unterschiedlichen Abteilungen? Wie findet man heraus, auf welche Funktionen man bei der Produktentwicklung setzt? Kann man Innovation durch Kundenbefragungen planen und einordnen? Wie wichtig ist Design? Oder Werbung?

Die richtige Idee finden

Wer Neues schaffen will, muss Altes wegwerfen. Dazu gehören traditionelle Einstellungen und Handlungsmuster ebenso wie die Idee, die man gerade erst ausgearbeitet hat. Auch wenn das schwerfällt.

In einer Welt voller Ideen ist nicht mehr die einzelne Idee entscheidend, sondern der Prozess, mit dem die richtige ausgewählt wird. Ideen gibt es genug. Aber die Entwicklung von innovativen Produkten ist kein linearer Vorgang mehr, sondern das gemeinsame Durchlaufen von Iterationen, bis ein wirklich neues Ergebnis erzielt wird.

Jonathan Ive, Chef der Industriedesigner bei Apple, formuliert es so: »Das Team arbeitet immer wieder an neuen Modellen und Visualisierungen mit einem einzigen Ziel: Fehler an der Idee zu finden, um dann etwas Neues zu schaffen, das besser ist.«

Normalerweise entwickelt man bei Apple Features oder Designs nach dem 10-3-1-Prinzip. Zehn Teams starten mit zehn Ansätzen, bei denen sieben, wie Michael Lopp, ein ehemaliger Apple-Entwickler, unterstreicht, nicht nur dazu da sind, drei andere gut aussehen zu lassen. Nach verschiedenen sogenannten Design Review Meetings, in denen es nicht nur um Design, sondern auch die Machbarkeit geht und an denen alle relevanten Abteilungen der Firma teilnehmen, werden die drei stärksten Entwürfe weiterverfolgt. Sie werden teilweise über Monate verfeinert und verbessert, bis dann nach Meetings mit den verantwortlichen Senior-Managern die stärkste Lösung übrigbleibt.

Nicht jede Firma kann sich zehn Teams leisten, um etwas zu entwickeln. Das Konzept funktioniert auch mit einem Team, das zunächst zehn Ideen entwirft und diese dann auf drei und schließlich auf eine reduziert. Mit weniger Ressourcen kann man auch von fünf auf drei und dann auf eine Idee kommen. Entscheidend ist es, sich am Anfang fünf wirklich gute Lösungen auszudenken und nicht nach den ersten zwei guten Einfällen aufzuhören. Schnell ist man von der eigenen Kreativität begeistert und verpasst möglicherweise, etwas noch viel Besseres zu erfinden.

Die passende Unternehmensstruktur dafür zu schaffen bzw. die richtigen Mitarbeiter dafür zu finden, ist schwer. Sich in den oben genannten Meetings durchzusetzen erfordert neue Qualifikationen: Aus Problemen Lösungen zu machen, bedeutet, sich jeden Tag selbst neu zu erfinden. Man muss lernen, dass es nicht um die eigenen Ideen geht, ja dass diese auch einfach wieder verworfen werden können. Die eigene Arbeit kritisch zu überprüfen gehört darum zur Hauptaufgabe der Mitarbeiter.

Moderne Innovationsprozesse verändern eine Organisation, und davor darf man keine Angst haben, man muss diese Veränderung sogar wollen. Es scheint zwar so, als sei es zu keiner anderen Zeit einfacher gewesen, etwas Neues zu erfinden, da unendliche Ressourcen durch das Netz bereitstehen. Aber es ist schwieriger denn je, eine Idee auch gut umzusetzen, und dafür muss man sich selbst immer wieder in Frage stellen. Die Ideen allein sind nur die halbe Miete, ihre Umsetzung und Nutzbarmachung sind mindestens genauso wichtig.

»Agile« oder »iterative Entwicklung« nennt man einen Entwicklungsprozess, der bisher vor allem im Bereich der Software angewandt wird und der gut beschreibt, wie sich die Realisierung einer Idee bei Apple vollzieht. Basis dieses Ansatzes ist die Überzeugung, dass man innerhalb unbürokratischer, schneller Strukturen bessere Ergebnisse erzielt. Weil sich die Bedingungen innerhalb eines Entwicklungsprozesses immer wieder ändern, geht man davon aus, dass ein Projekt nur grob geplant werden kann. Die agile Methode macht es möglich, flexibel und zügig innerhalb des Projekts auf neue Probleme oder Anforderungen zu reagieren und die ursprüngliche Idee immer wieder neu anzupassen, um am Ende das bestmögliche Produkt zu erzielen.

Wer dagegen innerhalb eines linearen Prozesses agiert, wird immer nur so gut sein können wie die Akteure vor ihm. Wer beispielsweise in einer Fabrik etwas seriell produzieren soll, wird keine Chance haben, wenn die Entwickler vor ihm sich mit den Notwendigkeiten von Serienproduktion nicht beschäftigen und Unlösbares verlangen.

Aber wer kann in der heutigen arbeitsteiligen Welt schon alles wissen? Designer? Kaufleute? Technologen? Niemand ist mehr in der Lage, Innovationen wie das iPhone oder die Mercedes E-Klasse komplett zu durchdringen. Man sagt, mit Goethe sei der letzte Generalist gestorben, und selbst er würde heute seine Schwierigkeiten haben.

Apple löst dieses Problem mit einigem Aufwand. Denn man leistet sich eine intensive Zusammenarbeit zwischen den verschiedenen Abteilungen, wie beispielsweise Design, Technik und Produktion, und stellt so einerseits den innovativen Anspruch und andererseits die Machbarkeit der Produkte sicher. Designer treffen sich einmal in der Woche und denken, ohne die Realisations-Chancen zu beachten, über neue Ideen nach. Sie dürfen »verrückt werden«, wie Michael Lopp sagt. Dieselben Designer treffen sich aber auch einmal in der Woche mit den Kollegen aus der Technik oder Produktion und diskutieren dort, was von den Ideen umzusetzen ist und was nicht. Denn jede noch so gute Idee muss auch funktionieren können.

Es gibt keinen einfachen, preiswerten Weg zu guten Produkten. Das ist der Grund, warum Erzeugnisse von Apple Geld kosten und nicht gratis ins Netz gestellt werden. Innovationen sind harte Arbeit. Sie basieren auf einem mühsamen Prozess, bei dem die richtige Idee ausgewählt und umgesetzt wird. Neben guten Mitarbeitern, die sich perfekt auskennen und umfassende Erfahrung haben, muss man bereit sein, Geld zu investieren. Dabei ist es zunächst unwichtig, ob man diese Ressourcen innerhalb der eigenen Firma findet oder Lieferanten beauftragt. Die ersten Macintosh-Computer hat Apple zum Beispiel mit Hilfe von externen Fachkräften entwickelt: unter anderem mit Frog Design, einer internationalen Innovations-Firma mit Schwerpunkten im Produktdesign und der Unternehmensberatung. Deren Gründer Hartmut Esslinger hat nach eigenen Angaben zum heutigen Erfolg von Apple beigetragen, weil er mit Steve Jobs Ende der neunziger Jahre die sogenannte Digital Hub Strategy entwickelte, die den Mac-Computer in das Zentrum des digitalen Lifestyle stellte.

In jedem Fall wird ein gutes Team gebraucht, ausgestattet mit ausreichenden Mitteln, um in einer digitalen Welt voller Möglichkeiten etwas Besonderes zu schaffen. Denn wer an der Entwicklung spart, erspart sich damit möglicherweise eine digitale Zukunft.

Wie ein Designer denken

»Design Thinking« ist ein Begriff, der häufig auftaucht, wenn man über Apple liest. Er bezeichnet eine Methode zur Entwicklung innovativer Ideen, bei der man alle wichtigen Akteure in sogenannten multidisziplinären Teams immer wieder an einen Tisch bringt. Die Arbeitsweise eines Designers wird adaptiert, ob man Software entwickelt oder Flugzeuge baut. Das heißt, es wird etwas erschaffen und anschließend verworfen. Dann wird wieder etwas erschaffen und wieder verworfen, und zwar so lange, bis eine für alle brauchbare Lösung entstanden ist.

Die Gründer des Institute of Design an der Stanford University formulieren es so: »Designer bringen eine methodische Erfahrung mit, von denen alle in multidisziplinären Teams lernen können. Design Thinking hält das Team zusammen und macht es erfolgreich.«

Es gibt zahlreiche Protagonisten dieser Denkweise, allen voran der Gründer und Inhaber der Designschmiede IDEO Tim Brown. Aber auch Mark Hurst, der sich als Berater und Veranstalter von Konferenzen dem Thema über die sogenannte User Experience nähert, oder der SAP-Gründer Hasso Plattner, der Design Thinking mit seiner HPI School of Design Thinking in Potsdam als Studium etabliert hat, gehören dazu.

Auch wenn die Beschreibung der Design-Thinking-Methode je nach Schule ein wenig unterschiedlich ist, kristallisieren sich drei Faktoren heraus, die alle Ansätze gemeinsam haben:

Das Beobachten von Nutzern ist der wichtige Ausgangspunkt der Arbeit. Er steht im Gegensatz zum analytischen Ansatz, bei dem sich die Entwickler auf Marktforschungen, Statistiken oder Kunden-Befragungen stützen.

Die Ideen werden in den oben bereits erwähnten multidisziplinären Teams innerhalb eines iterativen Verfahrens entwickelt.

Und schließlich erfordert diese Methode den Bau von Prototypen, um Ideen erleb- und erfahrbar zu machen und so eine echte Entscheidungsgrundlage zu schaffen.

Neben der iterativen Vorgehensweise wird in dieser Methode also vom Nutzer her gedacht. Nicht Befragungen oder Zielgruppenanalysen stehen im Mittelpunkt der Produktentwicklung, sondern der Nutzer und seine spezifische Situation. Um diese zu überprüfen, sucht man Kontaktpunkte auf, sogenannte Touchpoints, an denen Kunden mit Produkten in Berührung kommen. Einem Automobilhersteller beispielsweise kann man auf unterschiedlichste Weise begegnen: Über die Werbung, durch einen Zeitungsbericht, beim Autohändler, als Beifahrer in einem Wagen, im Internet, als Mechaniker und so weiter. Durch dieses Vorgehen erhält man wichtige Informationen über die zukünftigen Kunden. Dabei besteht eine wichtige Regel darin, Nutzer nicht direkt nach ihrer Meinung zu fragen, sondern sie wertfrei zu beobachten und daraus seine eigenen Schlüsse zu ziehen.

Tom Klinkowstein, Professor an der Hofstra University,

vergleicht Design Thinking mit Business Thinking und stellt dabei folgende Begriffe einander gegenüber:

Business Thinking	**Design Thinking**
Marktanalyse	Was könnte sein?
Definitiv	Iterativ
Fokusgruppen	Beobachtung
Tabellenkalkulation	Szenarien
Einzelverantwortung	Kollaboration
Feste Jobs	Temporäre Projekte

Für traditionelle Unternehmen hört sich Design Thinking wie nettes Beiwerk an. Schon Design an sich wird in vielen Firmen als bloßes »Hübschmachen« abgetan, was gerade in der digitalen Welt zu fatalen Ergebnissen führt.

Das iterative und interdisziplinäre Entwickeln von Innovationen, die vom Nutzer her gedacht sind, ist jedoch die Lösung für alle, die in der neuen digitalen Welt bestehen wollen. Der Grund liegt in der enorm gestiegenen Komplexität. Musste man früher einen vergleichsweise überschaubaren Markt, die Wettbewerber und die branchentypischen Technologien im Blick behalten, befindet sich die neue Welt des Internets in einem permanenten Wandel. Diesem mit klassischen Methoden zu begegnen, mit linearen Abläufen und vorgegebenen Informations- und Kommunikationsstrukturen, kann nur zu Misserfolgen führen.

Um herausragende Produkte und Dienstleistungen zu entwickeln, muss man gemeinsam mit den Kollegen eine Balance zwischen Geschäftsmodell, Nutzerinteresse und Technologie herstellen. Dafür ist es notwendig, eine Kultur des Erfindergeistes zu schaffen, die von Mitarbeitern fordert, Ideen einzubringen und im Team konsequent zu verfolgen. Man kann Produkte wie das iPhone nicht als Einzelner erschaffen.

Jonathan Ive arbeitet mit einem kleinen Team von talentierten Designern, entwirft, verwirft, lässt Prototypen bauen, die wieder und wieder verbessert werden. Die Designer sprechen mit den Finanzleuten und den Ingenieuren. Nach einer Runde beginnt man wieder von vorn. Iteratives Arbeiten hat einen Anfang, aber kein Ende – bis auf den Abgabetermin. Es handelt sich um einen Prozess, bei dem es erlaubt ist, Ideen, die eben noch genial waren, für eine neue, bessere fallen zu lassen.

Dazu muss jeder kommunizieren. Eine solche Kultur der Kommunikation zu etablieren oder auszubauen ist wichtig, da die Ideen der Einzelnen nur durch die Verständigung mit den Kollegen auf ihre Qualität hin überprüft werden können. Die klassische und in den meisten Unternehmen gängige Top-Down-Strategie führt dagegen zu monolithischen Lösungen, nicht zu Innovationen.

Design Thinking erfordert also eine neue Kultur und unternehmerische Einstellung. Wer fortlaufend die Probleme beschreibt und nicht die Lösungen, wer sich durch jede auftretende Hürde von einer Vision abbringen lässt und darauf wartet, dass Vorgesetzte entscheiden, kann keine neuen Produkte entwickeln, die Aufsehen erregen und von Tausenden gekauft werden.

Apple hat diese Haltung emotional in einem Werbefilm festgehalten, den Steve Jobs zu seinem Wiederantritt in nur siebzehn Tagen von einer Werbeagentur produzieren ließ: »Think different«. In diesem Spot werden die Querdenker, die Verrückten und die Unpassenden gelobt. Ein Spot, der Werbegeschichte schrieb, als er beim Super Bowl gezeigt wurde. Der Spot hat Apple nicht nur weltweit in das Licht gerückt, in dem die Marke heute strahlt, sondern auch innerhalb des Konzerns die Marschrichtung vorgegeben: anders sein, neue Wege suchen und diese konsequent verfolgen.

Den Nutzer beobachten, nicht analysieren

Jeder kennt die folgende Situation: Eine Gruppe von Menschen trifft sich abends bei einem Glas Wein und unterhält sich über Gott und die Welt. Es entstehen Diskussionen, in denen vor allem persönliche Meinungen kundgetan werden, und die einzelnen Positionen haben oft mit dem Kontext des Abends, des Ortes oder der anwesenden Menschen zu tun. Vielleicht will der eine vor der Gruppe mit seinem Wissen prahlen, der andere will möglicherweise auffallen und steigt auf eine extreme Position ein, und wieder ein anderer geht grundsätzlich in die Opposition.

In der Produktentwicklung vertrauen Unternehmen oft sogenannten Fokusgruppen. Im Grunde sind diese Gruppen nichts anderes als eine moderierte Version der eben beschriebenen Abendgesellschaft – zumindest was die Dynamik der Kommunikation und der Meinungsfindung angeht. Würde man einer solchen Runde die grundlegende Basisanalyse eines Marktes anvertrauen? Sollte man diese Gruppe fragen, ob man Millionen in eine bestimmte Strategie investieren soll? Die Erkenntnis, die jeder selbst schon in privaten Runden gewonnen hat, gilt auch für Fokusgruppen: Es gibt Leitwölfe, denen andere folgen. Doch wenn das Gespräch vorbei ist, handeln alle wieder autark.

Behaupten kann man viel, im Tun entscheidet sich das Geschäft. Dass es Menschen gibt, die keiner klassischen Zielgruppe zugeordnet werden können, beschreibt schon seit einiger Zeit der Begriff »Smart Shopper«. Hier handelt es sich um Menschen, die zum Beispiel mit ihrem Porsche zu Aldi fahren, um dort einzukaufen, die in einem billigen Hotel wohnen und dann in einem Drei-Sterne-Restaurant essen gehen und sich so einer eindeutigen Zuordnung entziehen.

Wenn man wie ein Designer denkend entwickelt, wird man die Nutzer nicht in moderierten Gruppen befragen, sondern sie beobachten. Man wird sich still und wertfrei ansehen, welche Handlungen ausgeführt werden oder wie ein Produkt heute tatsächlich verwendet wird, und wird anschließend daraus seine Schlüsse ziehen. Dazu bedarf es Situationen, in denen man möglichst unbemerkt sehen kann, was passiert, wenn Kunden auf neue Produkte oder Dienstleistungen treffen. Die Ergebnisse sind oft überraschend. Viele Menschen handeln ganz anders, als man vorher geglaubt hätte.

Während man Nutzer digitaler Medien relativ einfach betrachten kann, indem man etwa eine Videokamera und ein Programm zur Aufzeichnung des Bildschirms nutzt, ist die Observation von Flugzeugpassagieren, Hobbygärtnern oder Kinderwagen-Nutzern aufwendiger. Doch sich an den Ort des Geschehens zu begeben und sich ein eigenes Bild von der Situation zu machen, hilft, Ideen zu bewerten und Innovationen zu entwickeln. Denn oft ist die theoretische Vorstellung von einem Nutzungszusammenhang zu abstrakt. Schnell werden dann ebensolche abstrakten Aspekte wichtig: Megapixel, Gigahertz oder die PS, die ein neues Auto unter der Haube hat. Ein Hobbyfotograf aber braucht mehr Lichtstärke und nicht mehr Pixel, um zu guten Fotos zu kommen. Und die meisten Autofahrer werden den Unterschied zwischen 120 PS und 140 PS kaum spüren, sehr wohl aber mehr Beinfreiheit im Fond oder ein durchdachtes Navigationssystem.

Die Beobachtung von Menschen ist eine alte Disziplin, und als Anthropologe hat man beste Aussichten auf einen Job als Design Thinker. Denn was wissenschaftlich seit langem praktiziert wird, hält Einzug in einer Methode zur Schaffung innovativer Produkte.

Weniger als die anderen tun

Etwas Einfaches zu entwickeln heißt zu verzichten. Es gilt heute aber nicht als besonders innovativ, etwas bleiben zu lassen. Ganz im Gegenteil. In Wirtschaft, Politik und Wissenschaft gilt: je mehr Ideen und Möglichkeiten, desto besser.

Vor diesem Hintergrund ist es ein Wagnis, weniger anzubieten als die Konkurrenz. Es scheint unvorteilhaft, Funktionen, neue Produkteigenschaften und Features, die möglich sind, einfach wegzulassen. Warum auch? Man kann doch, wie beispielsweise bei Microsoft Word, alle Funktionen in ein Textverarbeitungsprogramm einbauen, die je ein Mensch erfunden hat. Man muss sie ja nicht benutzen. Man kann auch eine Webseite entwickeln, die alle Inhalte auf einer völlig überfrachteten Startseite zeigt. Nur: Übersichtlich und leicht handhabbar werden diese Produkte dadurch nicht. Ganz im Gegenteil. Viel zu viele Geräte sind mit so umfassenden Funktionen ausgestattet, dass selbst ein dickes Handbuch, oft in haarsträubender Übersetzung, das Verständnis nicht erleichtert.

Menschen wollen selten alles gleichzeitig. Sie stecken in einem Kontext, in dem sie am liebsten genau das der Situation angemessene Produkt oder die gerade nötige Dienstleistung nutzen möchten. Die meisten verwenden Microsoft Word nicht, weil es so genial ist, sondern weil es alle tun.

Welche Produkte werden weiterempfohlen? Welche Produkte machen wirklich das Rennen? Es sind die, die »so genial einfach« sind. In einer Welt voller Möglichkeiten ist die große Kunst nicht, alles anzubieten, sondern das Richtige. Denen, die sich auf die wichtigen Funktionen konzentrieren können, gehört die Zukunft.

Apple ist diesen Weg der Reduktion sehr konsequent mit dem iPhone und den damit verbundenen Applikationen gegangen. Das Telefon ist ein System, das aus Hardware und einem Betriebssystem namens iOS besteht, auf dem Anwendungen laufen. Diese Anwendungen heißen Apps. Mit einer dieser Apps kann man telefonieren. Eine andere zeigt das Wetter an. Wieder eine andere ermöglicht das Abspielen von Videos und so weiter. Die Unterteilung in kleine, fokussierte Applikationen hat Tausende von Entwicklern inspiriert, zielgerichteter zu entwickeln. Sie hat die gesamte Industrie wachgerüttelt und schon kurze Zeit später zahllose Nachahmer gefunden. Ein prominentes Beispiel ist Google mit seinem Google Apps Marketplace, einem Marktplatz für webbasierte Anwendungen, die von freien Entwicklern realisiert werden.

Jason Fried schreibt in seinem Buch *Rework:* »Underdo your competitor.« Frei übersetzt könnte man sagen: »Realisiere weniger als dein Wettbewerber.« Er ist ein Anhänger der Reduktion, des Weglassens und schreibt: »Es heißt, man solle den Wettbewerber mit mehr Funktionen schlagen. Hat dieser vier, sollte man fünf haben (oder fünfzehn oder fünfundzwanzig). Wenn der Wettbewerber X investiert, sollte man mindestens das Doppelte von X einsetzen.

[...] Weniger bedeutet hingegen: weniger Funktionen, weniger Optionen oder Voreinstellungen, weniger Personal oder weniger Strukturen im Unternehmen, weniger Meetings oder Abstraktionen und weniger Versprechen.« Damit ist Fried sehr weit gekommen.

Fried ist ein Apple-Fan. Er hat von Apple gelernt, seine eigenen Ideen hinzugefügt und 37signals aufgebaut, eine erfolgreiche Firma für webbasierte Software – mit rund zwanzig Mitarbeitern. Er gehört zu einem Apple-inspirierten Universum, das versucht, die richtigen Features zu finden und nicht einfach alles umzusetzen, in der Hoffnung, etwas davon wird dem Nutzer schon passen.

Software, die zahlreiche Einstellungen erlaubt, stammt von Entwicklern, die keine Entscheidungen fällen. Es gehört mehr Mut dazu, etwas wegzulassen, als etwas hinzuzufügen. Es ist anstrengend, sich für die wenigen, richtigen Optionen zu entscheiden.

Dazu kommen die Ansprüche von Kunden oder Kollegen aus anderen Abteilungen. Jeder fordert etwas anderes. Die Welt ist voller Fußballtrainer, jeder will es besser wissen. Kunden neigen zu Aussagen wie: »Was soll ein Produkt ohne diese Funktion? Völlig ausgeschlossen, damit zu arbeiten oder Erfolg zu haben.« Aber irgendjemand muss entscheiden, welchen Wünschen entsprochen wird und welche Features weggelassen werden. Denn wer am Ende alle Funktionen in sein Produkt integriert, wird Menschen überfordern und die Marktchancen senken.

Prototypen für die Sinne

Ein wichtiger Bestandteil erfolgreicher Innovationsprozesse ist die Visualisierung der Ideen. Mitarbeiter bei Apple erstellen in jedem Entwicklungsstadium Prototypen, die sogenannten Mock-ups, also Vorab-Exemplare, die helfen sollen, gestalterische oder technische Konzepte erfahr- und erlebbar zu machen. Sie transportieren nicht nur die Funktionalität, sondern auch den Geist und die Seele des Produktes. Dabei achten die Designer bei Apple darauf, exakte und realistische Prototypen zu entwickeln. Jedes Pixel muss sitzen, es gibt keinen Blindtext, der oft benutzt wird, um keine echten Texte schreiben zu müssen. Ein Prototyp von Apple fühlt sich schon genauso an wie ein tatsächliches Produkt der Firma.

Die meisten Firmen arbeiten lediglich mit Lastenheften oder technischen Konzeptpapieren, Apple dagegen entwickelt immer wieder komplett fertige Prototypen, die zeigen, wie ein Produkt aussehen und funktionieren wird. So entsteht der richtige Fokus bei den Meetings, da es nicht nur um theoretische Themen wie Speicherplatz, Batterielaufzeit und Megabytes geht, sondern um etwas ganz Praktisches: das Nutzererlebnis. Jeder wird zum konstruktiven Kritiker, wenn er etwas anwenden, anfassen und bedienen kann. Wer sich dagegen zu viel vorstellen muss, wird vielleicht nicht verstehen, warum in einer Idee die größte Innovation des Jahrhunderts steckt bzw. was ihr dazu noch fehlt.

Natürlich ist der Aufwand, den man betreiben muss, um perfekte Prototypen zu bauen, deutlich höher als der für die Erstellung von Skizzen oder Präsentationen, die das Produkt nur beschreiben. Doch die Mühe lohnt sich. Denn die Überzeugungskraft einer guten Idee entfaltet sich erst, wenn sie fertig ausgeführt und funktionstüchtig vor einem liegt. Auf der Webseite www.theapplemuseum.com kann man im Bereich »Prototype« eine ganze Reihe von Produkten sehen, die nicht in die Serienproduktion gingen. Die meisten von ihnen sind sogenannte Working Prototypes, also funktionsfähige Geräte, die ausprobiert und bewertet werden können.

Produkte werden Plattformen

Der iPod oder das iPhone werden oft als Design-Klassiker gesehen. Doch die gestalterische Sprache ist nicht der einzige Grund für ihren Erfolg. Mindestens ebenso entscheidend ist die Tatsache, dass Apple mit und um die Geräte ein ganzes System entwickelt hat, das aus Hardware, Software und der Möglichkeit besteht, einfach und sicher einzukaufen. Durch diese umfassende und ganzheitliche Herangehensweise, durch die Bildung einer ganz neuen Wertschöpfungskette, die von der Entwicklung und Produktion der Geräte bis zum Verkauf von Anwendungssoftware geht, werden Produkte bei Apple zu Plattformen.

Eine Plattform ist die optimale Verknüpfung der zu verkaufenden Artikel und der dazugehörigen Prozesse zu einem Gesamtkunstwerk sowie die Bereitstellung eines für alle Marktteilnehmer einfach zu nutzenden Marktplatzes. Nicht die Tatsache, dass man ein Lied auf iTunes kaufen kann, macht den Erfolg aus, sondern der stark vereinfachte Vorgang, durch den das Lied vom Verkäufer zum Kunden gelangt. Eine gut funktionierende digitale Plattform muss alle Prozesse von der Produktion bis hin zur Abrechnung unterstützen. Viele Firmen haben im Web nur einen neuen digitalen Vertriebskanal gesehen und viele ihrer Abläufe beibehalten. Das große Potential jedoch steckt in der Digitalisierung der *gesamten* Wertschöpfungskette. Unternehmen müssen die zum Teil nicht mehr adäquaten Strukturen ihrer klassischen Wertschöpfungskette erneuern, um im Rahmen ihrer Kernkompetenz auch im Markt der Zukunft etwas erfolgreich anbieten zu können.

Apple hätte auf einen Standard-Musikshop gesetzt, wäre er bereits vorhanden gewesen, und sich auf die Hard- und Software des iPods konzentriert. Allein dass es diese Software noch nicht gab, führte dazu, dass Apple ein MP3-Abspielprogramm namens SoundJam kaufte und es zum iTunes Music Store weiterentwickelte. Alles aus einer Hand anzubieten war in diesem Fall keine rein konzeptionelle Entscheidung. Sie war vielmehr notwendig, weil der neue Markt noch nicht alle Erfordernisse erfüllte, die Apple für ein erfolgreiches Platzieren seiner Geräte gebraucht hätte. Apple hat das erkannt und diese Bedingungen selbst geschaffen. Am Ende hat es zwar nicht die Musik neu erfunden, aber die Wertschöpfungskette dahinter.

Auch andere erfolgreiche Firmen haben Plattformen entwickelt. Beispielsweise hat Facebook früh erkannt, dass eine Öffnung hilfreich ist, um im Markt der sozialen Netzwerke zu wachsen. Eine technische Schnittstelle ermöglicht es Entwicklern, eigene Programme im Rahmen der Internetseite von Facebook anzubieten. Das daraus resultierende Universum aus Programmen und Diensten trägt wesentlich dazu bei, dass die Firma zum Marktführer im Bereich sozialer Netzwerke geworden ist.

Mit der Idee, die Distribution von Anwendungen für mobile Telefone dramatisch zu vereinfachen, hat Apple die Basis für den kommerziellen Erfolg des iPhones gelegt. Es hat einen Einkaufsladen im Internet geschaffen, in dem man aus Hunderttausenden von Programmen für den kleinen Telefoncomputer wählen kann – bis auf ein paar Ausnahmen von Entwicklern erstellt, die nicht bei Apple arbeiten. Dabei hat Apple die Wertschöpfungskette nicht nur auf den Einkauf von Applikationen im Internet, sondern auch auf die Entwicklung solcher Apps selbst ausgedehnt. Um sicherzustellen, dass möglichst viele Programme für das iPhone und seine Brüder zu erwerben sind, hat Apple ein einfaches Werkzeug bereitgestellt, mit dem Software entwickelt werden kann. Apple beteiligt die Entwickler an den Einnahmen mit siebzig Prozent der Verkaufserlöse und bekommt selbst dreißig Prozent der Erlöse für die Abrechnung und die komplette Abwicklung des Kaufvorgangs.

Mit dem iPhone wurde also nicht nur ein Telefon, sondern eine Plattform entwickelt. Dazu musste Apple die bestehende Wertschöpfungskette neu organisieren. Diese Vorgehensweise lässt sich auf viele Branchen und Bereiche übertragen. Schaffen es die eigenen Zulieferer nicht, ein Teilprodukt zu liefern, muss man sich überlegen, ob man diesen Aufgabenteil selbst in die Hand nimmt, bis sich ein neuer Lieferant findet.

Wer darauf wartet, dass beispielsweise an allen Tankstellen Strom getankt werden kann, bis er ein Elektroauto auf den Markt bringt, wird möglicherweise von einem Wettbewerber überholt werden, der in Zusammenarbeit mit den Energieriesen selbst ein flächendeckendes Netz an Stromtankstellen garantiert.

Besser gut als früh

Das Tempo der Innovationen und neuen Trends im Netz scheint eine deutliche Sprache zu sprechen: Jetzt oder nie. Dabei hat sich in den vergangenen Jahren am Beispiel von Apple gezeigt, dass man nicht der Erste sein muss, um Geld zu verdienen.

Der Wandel in eine digitale Gesellschaft fordert von vielen ein Umdenken. Heute noch vorhandene Märkte sind vielleicht morgen schon nicht mehr da, vor allem wenn die eigene Branche »googlisiert«, also »pulverisiert« wird. Selbst moderne Firmen wie Nokia, einst unangefochtener Marktführer bei Mobiltelefonen, sehen sich heute großen Herausforderungen gegenüber: Der Kampf um die mobile Vorherrschaft wird gerade zwischen anderen, ehemals branchenfremden Technikfirmen wie Google und Apple bestritten. Aber wer kann Nokia heute schon abschreiben? Natürlich werden auch die klassischen Firmen an Fahrt aufnehmen und mit ihrer Erfahrung schnell und professionell Boden gutmachen.

Einerseits müssen neue Methoden gefunden werden, um Innovationen zu entwickeln. Andererseits brauchen Firmen stabile Strukturen, die sicherstellen, dass sie nicht blind jedem Trend folgen und sich dabei verzetteln. Eine

Regel, die man von Apple lernen kann, ist: Es ist nicht wichtig, Erster zu sein. Auch wenn das Netz und seine Trends schnell sind und der Takt der Innovationen steigt, der Erste in einem Markt hat nicht zwingend die besten Karten. Es geht vielmehr darum, den richtigen Zeitpunkt zu finden, seine Produkte und Dienstleistungen mit dem richtigen Geschäftsmodell digital anzubieten.

Beispiele für erfolgreiche Nachzügler gibt es genug: Otto, Versandhändler aus Hamburg, hat seine Marken nach und nach ins E-Commerce geführt und ist heute als weltweite Nummer zwei nach Amazon ein angesehener Player im Web – mit wachsenden Umsätzen.

Die Wochenzeitung *DIE ZEIT* hat lange gebraucht, um ihren Markenkern in der digitalen Welt zu finden, strebt heute jedoch als Debattenplattform die Qualitätsführerschaft bei den deutschen Onlinemedien an; im Gegensatz zu den Reichweiten-Zielen der Wettbewerber. Steigende Zugriffszahlen und Werbeeinnahmen geben dieser Positionierung recht, die steigenden Abonnentenzahlen der gedruckten *ZEIT* sowieso. Wie der Versandhändler Otto hat sich die Wochenzeitung aus Hamburg trotz einer überdrehten Internetökonomie Zeit gelassen und sich dabei dennoch erfolgreich entwickelt.

Erster heißt im Netz nicht automatisch Bester. Wer schnell und gut ist, sollte keine Probleme haben, seine digitale Zukunft profitabel zu gestalten. Aber wer nur schnell Produkte lanciert und darauf hofft, die Kunden würden einem helfen, diese auch gut zu machen, kann digital schnell verbrennen. Manchmal muss man einen Markt mit schnellen Lösungen besetzen, doch in der Regel wollen Kunden gute Produkte kaufen. Wer zu schnell zu viel schaffen will, läuft Gefahr zu scheitern. Denn schnell sein führt gerade die Unerfahrenen zu übereilten Entscheidungen. Da werden Nachahmer-Produkte oder Testversionen auf den Markt gebracht, nur damit man dabei ist. Wenn das Ganze dann ein Reinfall wird, ist eben das Netz, die Nutzer oder etwas anderes schuld.

Wer anhand der Produkte des Wettbewerbs sehen kann, was gut ist und was nicht funktioniert, kann sein Geld in die Entwicklung anstatt in die Marktanalyse investieren. Man kann sich intern mit den Themen beschäftigen und sich Stück für Stück sein eigenes Bild machen. Wenn man erkennt, wie man besser sein kann als die Konkurrenz, wird ein professionell entwickeltes Produkt mit einem modernen Geschäftsmodell seinen Abnehmer auch später finden.

Apple setzt in seiner Produktentwicklung einen klaren Fokus: Qualität und Einzigartigkeit. Die geschätzten 150 Millionen Dollar Entwicklungskosten für das iPhone wurden von Apple in einem etablierten Markt riskiert. Große Firmen dominierten damals den Markt und hatten deutlich mehr Erfahrung. Doch Apple ging in den Ring und wurde zum heute drittgrößten Hersteller von Smartphones. Viele Wünsche und Probleme, die die Kunden der Vorreiter hatten, konnten berücksichtigt bzw. gelöst werden und sind Verkaufsargumente für das iPhone geworden.

Auch bei anderen Produkten von Apple sieht man Beweise für die These: Während alle Welt spekulierte, wann Apple endlich seine Antwort auf den Trend der preiswerten Netbooks geben würde, sprach man in Cupertino immer wieder davon, sich in diesem Markt nicht zu engagieren. 2010 kam schließlich das iPad, eine Mischung aus großem

Mobiltelefon, E-Book-Reader und PC und damit ein eigener Weg Apples.

Auch bei der Entwicklung des iPads hat sich Apple Zeit gelassen und genau beobachtet, was die Konkurrenz macht und was die Kunden mit den Geräten wirklich tun. Welche Probleme lohnt es zu lösen? Was für Märkte können erschlossen werden? Die Integration verschiedener Nutzeraspekte, wie Medien konsumieren, im Internet surfen, E-Mails schreiben und Apps nutzen, sowie das erfolgreiche Geschäftsmodell der iPods und iPhones wurden zu einem Angebot verbunden, das Vorbild für ein neues Marktsegment wurde.

Selbst gegen sehr große Marktführer kann man neue Angebote auch noch später mit Erfolg platzieren. Nichts muss so bleiben, wie es ist. Dass Google heute zu den wertvollsten Firmen der Welt gehört, bedeutet in der digitalen Welt etwas anderes als in der analogen. Denn die Wechselwilligkeit der Nutzer ist im Netz ungleich höher. Insofern ist die Entwicklung der alternativen und hochgelobten Suchmaschine Bing von Microsoft nicht automatisch zum Scheitern verurteilt, nur weil heute alle Welt Google nutzt.

Ein regionaler Zeitungsverlag hat beispielsweise gute Aussichten, wenn es darum geht, in seiner Region erfolgreiche, digitale Produkte zu entwickeln. Er besitzt eine starke Marke, ist bekannt und kann von den Erfahrungen des Wettbewerbs lernen. Er hat ein verbreitetes analoges Medium, mit dem er die Einführung des digitalen Angebots bewerben kann, und er besitzt Glaubwürdigkeit. Der Zeitpunkt für regionale Zeitungen, mit diesem Geschäftsmodell in den digitalen Wettbewerb einzusteigen, ist aktuell wahrscheinlich sogar besser als vor zehn Jahren, da die digitale Infrastruktur und die Nutzungsgewohnheiten heute etabliert sind.

Nicht unbedingt Erster sein zu müssen heißt nicht, die Hände in den Schoß zu legen und abzuwarten. Gute digitale Produkte kosten viel Zeit und erfordern Investitionen. Man braucht ein Team, Lieferanten und eine optimale interne Struktur. Diese Ressourcen zu etablieren, an Produkten zu arbeiten, sie zu testen und zu verbessern ist eine wichtige und dringende Angelegenheit. Denn nur während der Entwicklung werden die Herausforderungen deutlich und können gelöst werden.

Identität durch Design

Produkte von Apple sind unter anderem deshalb erfolgreich, weil sie besonders gestaltet sind. Wie wenige andere Firmen hat Apple von Anfang an auf besonderes Industriedesign gesetzt. Seit der Einführung des Macintosh 1984, dem ersten kommerziellen Computer mit einer Maus, einem in den Bildschirm integrierten PC und einer grafischen Benutzeroberfläche, steht die Marke Apple für exzellentes Design.

Mit zahlreichen Exponaten in der ständigen Ausstellung des Museum of Modern Art in New York, unzähligen Preisen und einem immer größer werdenden wirtschaftlichen Erfolg beweist die Firma aus Cupertino, dass Design zu einem der wichtigsten Erfolgsfaktoren eines Unternehmens werden kann.

Keine Disziplin der angewandten Künste wurde im letzten Jahrhundert so stark von Europäern dominiert wie das Design. Fragt man Jonathan Ive nach seinen Vorbildern, nennt er oft Dieter Rams. Rams war, neben den Brüdern Artur und Erwin Braun, der Kopf einer revolutionären Bewegung im Industriedesign der fünfziger und sechziger Jahre. Er erfand für die deutsche Firma Braun zahlreiche Haushaltsgeräte und ist mit seinem Werk ebenfalls ständiger Vertreter im Museum of Modern Art. Dabei hat er Dinge erfunden, die zeitlos, funktional und identitätsstiftend sind.

Rams hat die Vorarbeit geleistet, und Jonathan Ive hat sie in dieses Jahrhundert transferiert. Sieht man sich die alten, zeitlosen Taschenrechner, HiFi-Anlagen oder Filmkameras von Braun an, wird man unweigerlich an die aktuellen Produkte von Apple erinnert. Insofern haben Anleihen bei früheren Designern einen Anteil am Erfolg Apples.

Dieter Rams hat »Zehn Regeln für gutes Design« aufgestellt, die heute immer noch so aktuell sind wie vor sechzig Jahren:

Gutes Design ist innovativ.
Gutes Design macht ein Produkt brauchbar.
Gutes Design ist ästhetisches Design.
Gutes Design macht ein Produkt verständlich.
Gutes Design ist ehrlich.
Gutes Design ist unaufdringlich.
Gutes Design ist langlebig.
Gutes Design ist konsequent bis ins letzte Detail.
Gutes Design ist umweltfreundlich.
Gutes Design ist so wenig Design wie möglich.

Wer ein Produkt gestaltet, wird nicht immer hochwertige Marken wie Braun oder Apple vertreten. In bestimmten Trendbranchen wird Langlebigkeit mitunter ein Hindernis sein. Aber selbst wenn man nicht alle Regeln des deutschen Designers beherzigen kann oder will – Apple hat enormen Erfolg mit der eigenen Interpretation der zehn Regeln, auch und gerade im Massenmarkt. Zeitloses, gutes Design ist anders als in den fünfziger und sechziger Jahren des zwanzigsten Jahrhunderts heute selbst zu einem Trend geworden. Eine anspruchsvolle Gestaltung macht nicht nur das Produkt unverwechselbar, sondern auch dessen Besitzer. Statussymbole wie noble Automarken oder Handtaschen sind fast ausschließlich auf ein besonderes Design zurückzuführen. Und auch wer Bücher verkauft, kann mit der Gestaltung des Covers oder der Drucktechnik Aufmerksamkeit erregen.

Design hilft nicht nur beim Prozess der Ideenfindung und bei der Umsetzung einer Innovation, als strategisches Element kann es ein Unternehmen in eine neue Dimension tragen. Wenn man einmal von den Branchen absieht, deren Erfolg offensichtlich auf Design beruht, etwa der Modeindustrie oder der Werbung, halten jedoch immer noch viele Menschen Design für überflüssigen Schnickschnack. Dabei ist es wie mit der Kommunikation: Man kann es nicht nicht tun. Jedes Produkt besteht aus einer äußeren Form, die bei der Kaufentscheidung eine entscheidende Rolle spielt. Und deshalb sollte sich jedes Unternehmen möglichst früh Gedanken über dessen Gestaltung machen.

Apple steht einerseits für eine konsequente formale Linie und arbeitet über die Produktkategorien hinweg mit dem Prinzip der Wiedererkennung, beispielsweise durch die wie gebürstetes Metall aussehende iTunes-Oberfläche und die entsprechende Alu-Hülle der MacBook Pros. Andererseits geht Apple aber immer auch mit der Zeit: Die quietschbunten ersten iMacs aus den neunziger Jahren sind heute von zeitgemäßen weißen oder silbernen Geräten abgelöst worden.

Wer ein Produkt entwickelt und gestalterische Inspiration sucht, sollte sich in einem Apple Store oder einem Design-Museum ein paar Geräte von Apple ansehen. Fabrikate von Braun eignen sich dazu übrigens auch.

Die Knöpfe und Regler werden virtuell

Mit der Einführung der berührungsempfindlichen Oberflächen und der Abschaffung von Tastatur und Maus bei iPod, iPhone und iPad hat Apple die Aufgaben eines Industriedesigners in den Bereich des Screendesigns verschoben: Grafische Oberflächen für Apps zu entwickeln ist heute unerlässlicher Teil des Industriedesigns.

Mit dem Screendesign ist eine Disziplin aus dem Grafikdesign erwachsen, die Wesentliches zum Erfolg eines digitalen Produktes beiträgt. Dabei ist das Weglassen von klassischen Bedienelementen, die bisher fest mit der Hardware verbunden waren, wie etwa einer Tastatur, eine Revolution, deren Ausmaß noch gar nicht abzusehen ist. Die Zeiten, als Programme wie Word für PCs oder Macs entwickelt wurden und alle grundlegenden gestalterischen Metaphern und Interaktionsmuster entstanden sind, haben mit der Welt von morgen grafisch gesehen fast nichts mehr zu tun. Wie Benutzeroberflächen der Zukunft aussehen könnten, erfuhr man bereits 2002 in dem Hollywoodfilm *Minority Report:* durchsichtige, berührungsempfindliche Glasbildschirme, die ausschließlich per Hand bedient werden, kamen in dem Science-Fiction-Thriller zum Einsatz. Moderne mobile Geräte wie das iPad zeigen schon heute deutlich in diese Richtung.

Die Gestaltung von Bildschirmen, die man mit den Fingern berührt, um sie zu bedienen, erfordert einerseits ein Verständnis von Grafikdesign und Typographie; andererseits muss ein Screendesigner heute auch verstehen, was die Designer Dieter Rams und seine Kollegen vor sechzig Jahren gemacht haben, denn die Regeln für gutes Design gelten nach wie vor.

Die Tatsache, dass Knöpfe und Tasten digitale Elemente unter einer Glasscheibe sind, macht Produkte wie iPhone oder iPad zu universellen Abspielgeräten. Egal, ob Taschenrechner, Wasserwaage, Kamera, Telefon oder Murmelbahn – mit der entsprechenden App können sie zu jedem Gerät werden. Und davon profitieren vor allem die Softwareentwickler. Wo zahlreiche Industriedesigner früher mit echten und teuren Materialien arbeiten mussten, kann ein Programmierer heute nur mit seinen Programmzeilen handfeste Produkte erschaffen.

Die Qualität der virtuellen Geräte wird aber wie vor sechzig Jahren vom Niveau des Designs bestimmt. Während früher veritable Dinge zum Patentamt getragen wurden, um eine bestimmte Gestaltung oder Eigenschaft zu schützen, so sind es heute virtuelle, gestalterische Konzepte, die abgesichert werden. Erst 2010 hat Apple sich die Geste zum Entsperren des iPhones, also die Bewegung, die der Finger machen muss, um den virtuellen Knopf von links nach rechts zu schieben, patentieren lassen. Einen Knopf, den es nicht wirklich gibt.

Wer innovative digitale Produkte entwickeln will, wird an den neuen Metaphern, Interaktionsmustern und Konzepten nicht vorbeikommen. Dabei wird es nicht ausreichen, auf die Web-Standards zu setzen, denn die Touchscreen-Oberflächen erfordern völlig neue Eingabemethoden. Wer keine Maus mehr in der Hand hält, sondern seine Finger nutzt, wird beispielsweise wenig Lust haben, kleine Worte auf dem iPad zu berühren, um zu navigieren. Deswegen halten die neuen Gesten und Oberflächen für iPads umgekehrt Einzug in das Design von Webseiten: große Tasten, großflächige Bilder und eine sehr einfache Navigationsstruktur werden wichtiger, weil man weiß, dass die Nutzer auch mit dem iPad auf der Webseite surfen.

Am besten kann man erkennen, wohin sich die neuen Oberflächen entwickeln, wenn man sich die zahlreichen digitalen Spiele ansieht. Sie nehmen das Design der neuen digitalen Welt vorweg. Ganz wie *Minority Report* die gläsernen Streichelcomputer von heute vorwegnahm.

Klein ist das neue Groß

Apps spielen eine immer größere Rolle – und das nicht nur bei Apple, sondern generell. Früher wurde Software mit Bedacht installiert, regelmäßig aktualisiert und mit Hilfe von Büchern oder Seminaren vermittelt. Apps sind anders: Sie verfolgen oft nur einen einzigen Zweck, haben wenige, wichtige Funktionen und sind in der Regel ohne Schulung einsatzbereit. Apps sind wie Schokoriegel, die man mitnimmt, wenn man auf Reisen ist. Es sind keine Investitionsgüter mehr, sondern Mitnahmeprodukte. Durch Studien zur Nutzung von Apps auf dem iPhone wurde deutlich, Apps werden gekauft und benutzt, wenn sie im Trend liegen. Nach ein bis zwei Monaten werden viele oft nicht mehr verwendet. Entweder haben sie sich nicht bewährt oder es sind bessere auf den Markt gekommen. Menschen im mobilen Web sind heute also bereit, Software zu kaufen, die sie nach einiger Zeit wieder zu den Akten legen.

Wer gerade renoviert, auf der Leiter steht und eine Wasserwaage braucht, muss nicht mehr in den Baumarkt fahren, sondern lädt sich die entsprechende App aus dem App Store, die das Telefon in eine Wasserwaage verwandelt. Ob diese App nun 79 Cent oder 2,39 Euro kostet, wird den meisten dabei wahrscheinlich egal sein, denn es ist der

Moment, auf den es ankommt. Wer etwas sofort braucht, ist auch bereit, dafür zu bezahlen. Hier bahnt sich ein ganz neues Verständnis von Technologie an, denn das Große und Umfassende der letzten zwanzig Jahre wird ergänzt oder vielleicht auch ganz ersetzt durch fokussierte, kleine Anwendungen für einen bestimmten Zweck.

Wer digitale Produkte oder Dienstleistungen anzubieten hat, sollte sich fragen, in welchen Momenten Kunden das eigene Produkt verwenden. Kann man aus großen, integrierten Fullservice-Angeboten kleine, passende Pakete entwickeln, die zur richtigen Zeit und am richtigen Ort ihre Kunden finden? Die Plattformen dafür entstehen gerade.

Start-ups in der Firma

Sachin Agarwal, Chef der Blogplattform Posterous und langjähriger Entwickler bei Apple, plädiert für eine Start-up-Kultur auch in Konzernen. Nach Meinung von Agarwal ist diese Kultur, also kleine Teams, kurze Entscheidungswege und ein extremer Fokus auf das gesetzte Ziel, einer der Gründe für Apples Erfolg.

Ingenieure und Designer bilden das kulturelle Zentrum Apples, wobei Manager selbst oft zuvor als Ingenieur oder Designer gearbeitet haben und deshalb ein tiefes Verständnis für die täglichen Herausforderungen mitbringen. Wie in einem Start-up sind die Entwicklungsteams oft sehr klein und auf bestimmte Aufgaben fokussiert. Als eine Grundlage der internen »Apple-Qualität« wird auch der unverrückbare Termin der Fertigstellung gesehen. Ein üblicher Druck für Start-ups, die ihren Investoren früh zeigen müssen, dass ihre Idee funktioniert. Ein solches Enddatum stellt Mitarbeiter zwar oft vor große Herausforderungen, hilft aber auch, den aufwendigen Prozessen ein Ende zu setzen und somit das Tempo zu forcieren. Dabei betont Sachin Agarwal, dass Apple ein großes Interesse an der Erholung seiner Mitarbeiter hat und für amerikanische Verhältnisse großzügige Urlaubstage und eine exzellente Gesundheitsvorsorge gewährt, was Apple von typischen amerikanischen Start-ups natürlich unterscheidet.

Die geringe Bürokratie, kleine Teams und die loyalen Mitarbeiter, nicht selten Fans der Marke Apple vor, während und nach ihrer Beschäftigung, sind wichtige Erfolgsbausteine, die sich in den meisten Start-ups finden.

Ein weiterer wichtiger Bestandteil der typischen Start-up-Kultur ist eine ausgeprägte Kommunikationsfähigkeit der Mitarbeiter. Ein Meeting, in dem verschiedenste Fachabteilungen zusammenkommen und unter dem Druck der Abgabetermine besprechen, welche Funktionen, Inhalte oder welches Refinanzierungsmodell entwickelt werden sollen, kann nur mit ausgeprägter Kommunikationskompetenz der einzelnen Teilnehmer erfolgreich sein. Generelles Interesse an den anderen Bereichen und eine tiefgreifende Kompetenz im eigenen Feld müssen zusammenkommen, damit es Anknüpfungspunkte und Kommunikationsebenen gibt. Interdisziplinär arbeitende Teams erfolgreich zu etablieren, ihnen Raum, aber auch den notwendigen Fokus zu geben, um Ergebnisse zu liefern, das erfordert andere Bedingungen, als man sie in Unternehmen mit einer traditionellen Top-Down-Struktur vorfindet.

Wer heute in einer klassischen Unternehmensstruktur arbeitet und Innovationen vorantreiben will, wünscht sich wahrscheinlich nichts sehnlicher als eine frische Innovationskultur. Die gute Nachricht: Um innovativ zu sein wie ein Start-up, kann jeder in seinem eigenen Bereich, der eigenen Abteilung oder sogar bei sich selbst anfangen. Ein kleines Team abteilungsübergreifend zusammengestellt, mit einem klaren Ziel ausgestattet und dem sicheren Gefühl, sich für eine bestimmte Zeit nur auf die anstehende Innovation konzentrieren zu müssen, wird in jeder Firma Neues entwickeln.

Detail-versessenheit

Michael Lopp sagt, Apple zeichne sich dadurch aus, dass es »gute Ideen in anderen guten Ideen« verpacke. Das heißt: Ein erfolgreiches Apple-Produkt ist das Ergebnis zahlreicher Anstrengungen und Optimierungen in allen Bereichen der Firma. Dazu gehören nicht nur die Entwicklung des Geräts oder die berühmten Werbespots, sondern auch der E-Mail-Text, der einen Kunden erreicht, der im Onlineshop eine Beschwerde aufgegeben hat, oder die Verpackung eines Zubehörteils. Sich mit den scheinbar unwichtigen Randaspekten zu beschäftigen, kostet zwar Zeit und Geld, führt aber am Ende dazu, eine Wertschöpfungskette zu etablieren, die wie bei Apple gute Ideen in guten Ideen bietet.

Damit jeder Mitarbeiter mit der gleichen Grundhaltung an seine Arbeit geht, müssen identische Prozesse für Innovation in allen Bereichen der Firma angewandt werden. Wer neue Ansätze in der Produktion oder im Marketing grundsätzlich nach demselben Muster bewertet, kann daraus gute Ideen in guten Ideen entwickeln und diese bis in das kleinste Detail optimieren.

Bei Apple kann man diese Detailversessenheit in allen Bereichen beobachten. Exzellente Produkte stecken in wunderschönen Verpackungen, die wiederum in ungewöhnlich gestalteten Stores verkauft werden. In den stationären Apple Stores erlebt der Kunde die Marke nicht nur wegen der zahlreich ausgestellten Geräte der Firma, sondern weil der Laden selbst bis ins letzte Detail durchgeplant ist. Ein Beispiel sind die mobilen Kassen, kleine Geräte, mit denen die Verkäufer bereits am Regal die Kreditkarte des Kunden belasten können. So löst Apple das sonst übliche An-der-Kasse-Anstehen auf und überrascht den Kunden mit einer weiteren Idee.

Wer Innovationen nur in die Forschungs- und Entwicklungsabteilung delegiert, wird von dort zwar neue Produktideen bekommen, muss diese jedoch in den anderen Abteilungen erst mühsam durchsetzen oder mit den immer gleichen Marketingphrasen an den Markt bringen. Apple setzt auf Forschung und Entwicklung in der gesamten Firma und erreicht so die Detailversessenheit, die man dem Unternehmen nachsagt. Der Einkauf muss genauso neue Wege suchen wie das Controlling und die Produktion. Der ständige Austausch über das Ziel und die Mittel, es zu erreichen, ist hierfür unerlässlich. Denn ein Einkäufer, der einen Lieferanten für Kopfhörer-Kabel nur nach dem Preis bewertet, hätte sich mit großer Wahrscheinlichkeit gegen die weißen Kopfhörer entschieden, die das Markenzeichen und Trendsymbol der iPods geworden sind.

Wenn beispielsweise die Produktion einfach nur neuen Trends folgt und große Maschinen kauft, die alles können, werden die Produkte wahrscheinlich mehr Funktionen bekommen als notwendig – nur um die Investition in die großen Maschinen zu rechtfertigen. Wer im Projektmanagement neue Wege sucht, um komplexer werdende Projekte abzuwickeln, endet wahrscheinlich bei Methoden, die zu langen Laufzeiten und sehr viel mehr Aufwand führen. Es ist deshalb eine zentrale Aufgabe der Firmen, die grundsätzliche Haltung zu Innovation zu definieren und in allen Abteilungen zu etablieren.

Die meisten Unternehmen scheitern jedoch an dieser Herausforderung. Gern macht die Geschäftsführung den Fehler, ihrer EDV-Abteilungen den Auftrag zu erteilen, Lösungen für den digitalen Wandel zu entwickeln. Die Kompetenz der EDV-Abteilungen liegt in der Regel darin, die IT-Systeme der Firmen zu verwalten, individuelle Software zu entwickeln und Mitarbeiter bei technischen Problemen zu unterstützen. Das Internet ist jedoch nicht nur eine neue Technologie. Auch das Geschäftsmodell und die Orientierung am Nutzer müssen bedacht werden, und das gehört nicht unbedingt in den klassischen Aufgabenbereich von EDV-Administratoren. Diese wählen in der Regel ein Programm aus, finden einen Systemintegrator und setzen dann ein Projekt auf. Mit Lasten- und Pflichtenheften und allerlei IT-Methoden. Am Ende steht schließlich eine Software im Netz. Selten ein innovatives, digitales Produkt, das sich messen lassen kann im globalen Wettbewerb.

Wer gute Ideen entwickeln will, kann auf die Kollegen vertrauen, die sich mit den Zahlen beschäftigen. Oft wird über die Controller geschimpft, weil sie zu sehr an Regeln hängen und mit zu vielen Zahlen und Listen arbeiten. Die Sichtweise eines guten Controllers auf die neue digitale Welt ist aber oft klarer als die eines Online-Abteilungs-Leiters. Wer im dritten Jahr in Folge keine relevanten Erlöse erwirtschaftet, braucht ein Korrektiv. Wer Businesspläne schreibt und sich und sein Projekt schönrechnet, muss jemanden an seiner Seite haben, der penibel darauf achtet, Geld zu verdienen. Jemand im Team muss Geld verdienen wollen.

Wer wissen will, ob die neuste Idee eine digitale Innovation ist, sollte auch einen Vertriebsbeauftragten einbeziehen. Denn der Vertrieb ist besonders gut in der Lage, Anforderungen zu definieren und Ideen beizusteuern, wenn es um die Entwicklung von kostenpflichtigen Produkten geht. Niemand weiß besser, wofür Kunden Geld ausgeben und wofür nicht.

Erst wenn alle Abteilungen verstanden haben, dass die Innovation nicht nur Sache des Chefs, der Forschungs- und Entwicklungsabteilung oder einer externen Firma ist, sondern jeden im Detail angeht, wird aus einer guten Idee eine gewinnbringende Innovation.

Emotionen erzeugen

Eine Konstante der erfolgreichen Produktvorstellungen von Apple sind die Gerüchte, die vorher kursieren. Entweder sind sie gezielt gestreut oder ein gut funktionierendes Nebenprodukt der traditionell verschlossenen Apple-Kommunikation. Was auch immer der Grund für Hunderte oder Tausende von Blog- und Magazinbeiträgen ist, in denen selbsternannte Insider verkünden, etwas über das neue Produkt von Apple erfahren zu haben – es funktioniert, denn es gibt kaum eine Firma, über die mehr berichtet wird.

Manche Blogger reisen bis zu den Lieferanten in Fernost, um Neuigkeiten zu erfahren, oder studieren jedes Detail einer neuen Patentanmeldung von Apple. Die wie kindliche Zeichnungen anmutenden Patentskizzen geben den Fachleuten Auskunft über die neuen Strategien. Andere Fans gestalten perfekte Fotomontagen von vermeintlich neuen Produkten, die es manchmal bis in die Massenmedien schaffen. Auch wenn Apple-Mitarbeiter von der fristlosen Kündigung bedroht sind, sollten sie Geheimnisse preisgeben, irgendwo gibt es immer ein Leck. Viele Menschen sind verrückt nach Gerüchten über neue Produkte von Apple und sehnen die offiziellen Ankündigungen, die legendären Keynotes, herbei. Warum?

Der Kern von Apples Marketing ist der Transfer von technischen Funktionen in ein Bedürfnis. Oder wie es der Marketing-Berater Simon Sinek ausdrücken würde: Apple-Produkte werden nicht wegen der Funktionen gekauft, sondern weil Apple an etwas glaubt, an das die Kunden ebenfalls glauben wollen. (»People don't buy what you do, but they buy what you believe.«)

Bei der Rückkehr von Steve Jobs zu Apple 1997 ließ dieser den Werbespot »Think different« drehen, in dem berühmte Persönlichkeiten wie Picasso oder Maria Callas emotional in Szene gesetzt wurden. Der Spot gibt Sinek recht: Er ist eine Hommage an die Andersdenkenden und macht deren Haltung zum Markenkern von Apple. Wegen der geringen Marktanteile Ende der neunziger Jahre musste ein Image geschaffen werden, das den treuen Fans zeigte, dass sie richtig lagen mit ihrer Entscheidung, keine PCs zu kaufen, sondern die Computer des Underdogs Apple. Der Spot und der daraus resultierende Ruf des Unternehmens waren für Millionen Menschen Grund, Apple zu mögen. Anders sein als die anderen, das wollten und wollen viele, und mit dem Kauf von Apple-Produkten kann man das sichtbar machen.

Apple verkauft Produkte über einen emotionalen Zugang. Mitarbeiter sagen immer wieder, Apple sei einfach anders. Im Grunde sei das Unternehmen das Gegenteil von allen anderen Computer- und Unterhaltungselektronik-Herstellern. Auch wenn die Rolle Apples in den vergangenen zehn Jahren viel dominanter geworden ist und mittlerweile viele Produkte im Mainstream angekommen sind, Besitzer eines iPhones oder eines iPads haben immer noch das Gefühl, sich von anderen Menschen zu unterscheiden oder zumindest einer besonderen Gruppe anzugehören.

Die beiden wichtigsten Marketing-Kampagnen der letzten Jahre geben einen Einblick in die Art und Weise, wie Apple Emotionen erzeugt, sein Image, anders zu sein, pflegt und Menschen dazu bringt, Teil der Apple-Gemeinde sein zu wollen:

Die sogenannte »Switch«-Kampagne begann im Jahr 2002 und zeigt zum Teil berühmte Menschen, die auf sehr persönliche Weise erzählen, warum sie zu Apple gewechselt sind. Es sind keine Geräte-Funktionen, die im Vordergrund stehen, sondern persönliche, manchmal auch emotionale Gründe. So sagt zum Beispiel der Cellist Yo-Yo-Ma, er sei nicht in der Lage, mit technischen Dingen umzugehen, und würde daher so etwas Einfaches und Schönes wie einen Apple-Computer lieben.

Auch in der bereits erwähnten »Get a Mac«-Kampagne stellt Apple Menschen und deren Bedürfnisse in den Vordergrund und zeigt kein einziges Produkt. Ein sympathischer junger Mann übernimmt die Rolle des Macs und ein etwas rundlicher und spießiger Herr die des PCs. So werden viele Probleme, die Nutzer täglich mit Windows Computern bewegen, in den Spots abgehandelt, immer mit dem Ergebnis, dass der sympathische Mac eine einfache Lösung zu bieten hat.

Auch die Konsequenz, mit der Apple sein Corporate Design in allen Details des Markenauftritts umsetzt, sucht seinesgleichen. Der Anspruch und die Perfektion der Produkte spiegeln sich in der Kommunikation wider. Die schlichten Werbespots vor weißem Hintergrund, die Produktfotografien oder die Einrichtung der Apple Stores – alle Elemente passen zusammen und geben den Absender klar zu erkennen.

Das erfolgreiche Marketing von Apple fängt jedoch schon bei der Produktentwicklung an, denn Produkte von Apple sprechen in der Regel für sich selbst, was man auch daran sieht, dass sie fast immer im Zentrum der Werbung stehen.

Erfolgreiche Präsentation

Apple versteht es wie kaum eine andere Firma, seine Produkte in Szene zu setzen, und hat gerade in diesem Bereich die meisten Nachahmer. Viele Firmen nehmen sich in Sachen Produktpräsentation Apple zum Vorbild: Im Webdesign will man eine möglichst ebenso einfache Webseite wie die Kalifornier, bei der Produktfotografie und der Kommunikation ist es ähnlich. Nicht umsonst werden neue visuelle Ideen von Apple schnell zum Trendsetter. So haben beispielsweise die Verantwortlichen des Münchener Airports in der Kampagne, mit der sie den Flughafen als Shopping-Paradies positionieren, auf die Farbigkeit und die Silhouetten der iPod-Werbung von Apple zurückgegriffen.

Apples Methode zur Präsentation seiner Produkte ist denkbar einfach: Man fokussiert sich auf den Produktnutzen. Genau das macht Apples Marketing seit Jahren. Ein leichtes und sehr kleines MacBook Air wurde beispielsweise in einen Briefumschlag gesteckt, um zu zeigen, *wie* leicht und klein es ist. Und der iPod wurde durch hippe Frauen- und Männerkörper präsentiert, die, als schwarze Silhouette überzeichnet, ekstatisch tanzten, wobei die weißen Kopfhörerkabel des iPods besonders auffällig waren. Die Botschaft: Musik hören mit dem iPod kann eine

Menge Spaß machen. Der neue iPod Touch wird aktuell als ein Gerät positioniert, mit dem man per Video kommunizieren kann. In den Anzeigen und Spots sieht man Familien, Verliebte oder Großeltern, die miteinander reden und sich dabei über das Videotelefonsystem FaceTime sehen können.

Es ist der emotionale Produktnutzen, der bei der Präsentation im Vordergrund steht und die Kommunikation ausmacht. Wer dabei an Worte wie Schnittstellen, Synergie, Usability oder Ähnliches denkt, liegt falsch. Denn hinter der Performance muss ein klar erkennbarer und schnell verständlicher Nutzen liegen, also etwa der schnellste Browser oder Server. Auch die anderen – meist englischen – Begriffe, die sogenannten Buzzwords, helfen meistens nur wenig. Wer keinen klaren Vorteil benennen kann, hat keinen und muss sich überlegen, warum das Produkt erfolgreich werden soll. In der Präsentation des Produktes kann eine Marketingabteilung oder Agentur also nur so gut sein wie die Produktidee.

Doch auch gute Produkte kann man zerreden. Insofern ist die Reduktion auf wenige klare Vorteile gerade in der Werbung eine wichtige Aufgabe. Produkte, die Apple für Profis hergestellt hat, wie zum Beispiel die Videoschnittsoftware FinalCut, bieten Hunderte von Funktionen und Möglichkeiten. Im Web reduziert Apple die Kommunikation jedoch auf ein paar wichtige Punkte und verbannt die anderen in eine Liste mit technischen Details.

Eines der besten Lehrstücke in Sachen Präsentation sind die Keynotes von Apple. Steve Jobs und seine Mitarbeiter führen durch perfekt und sehr aufwendig vorbereitete Präsentationen. Auch wenn viele glauben, Steve Jobs sei einer der besten Redner der Welt – es ist die perfekte Präsentation und nicht die Redekunst von Jobs, die die Zuhörer begeistert.

Werden Marktanteile besprochen, sieht man oft nur eine Zahl auf der Leinwand: »Eine Milliarde Downloads« oder »250 000 Apps«. Das typische Powerpoint-Chart mit einer Überschrift und mehreren Aufzählungspunkten sucht man vergebens. Werden Funktionen beschrieben, hat man sich in der Regel für einige wenige entschieden, die als Überblick am Anfang, dann meistens als Livedemo und schließlich noch einmal als Zusammenfassung präsentiert werden. Damit holt man die verschiedenen Zuhörer ab, und durch die Wiederholungen erkennt jeder, was wichtig ist, und kann es sich zudem gut merken.

Ein Team von mehreren Mitarbeitern bereitet eine große Keynote schon Wochen vor dem Event vor und sorgt für ein perfektes Skript.

Wer wissen will, ob das eigene Produkt gut ist und verstanden wird, kann sich helfen, indem er versucht, eine gute und klar verständliche Präsentation zu erstellen. Folien mit einzelnen Worten und wenigen Aufzählungen erfordern automatisch eine Reduktion und Fokussierung auf das Wesentliche. Eine solche Präsentation ist als Briefing für Mitarbeiter und Lieferanten besser geeignet als ein zwölfseitiges Textdokument, in dem alles steht – und nichts.

Der eine Satz

Ein riesiger Vorteil des Internets ist die Transparenz für den Verbraucher, gerade bei der Bewertung von Produkten und Dienstleistungen. Kunden sind über das Internet verbunden. Sie können nach Produktnamen suchen oder den Strichcode eines Artikels mit ihrem Smartphone scannen und erhalten sofort alle wichtigen Informationen und Meinungen. Wenn eine Sache und deren Vorteil erst umständlich erklärt werden müssen, wird sich niemand, der gerade im Kaufhaus steht und wissen will, ob seine Wahl gut oder schlecht ist, lange damit aufhalten. Der digitale Erfolg eines Produkts hängt darum entscheidend davon ab, ob man seinen Nutzen durch einen einfachen Satz verdeutlichen kann. Und dabei ist nicht nur die Suche nach Informationen von Bedeutung. Wer vernetzt lebt und Facebook oder andere Social-Media-Dienste nutzt, erhält laufend Empfehlungen. Einfach zu erklärende, gute Produkte, verbreiten sich wie ein Lauffeuer. Genauso wie über Nachrichten mit einer attraktiven Überschrift wird auch über Produkte mit einem klaren Vorteil gesprochen.

Es ist nicht erst Sache der Marketing- oder PR-Abteilung, aus einem komplizierten, überladenen Produkt einen einfachen Nutzen zu extrahieren. Diese eine entscheidende

Aussage zu erhalten muss als wesentlicher Teil der Produktentwicklung gelten.

Produkte und Dienstleistungen sollten von Anfang an auf ihre digitale Tauglichkeit hin überprüft werden. Kann mein Produkt in einer transparenten Welt bestehen? Früher war es durch Intransparenz vor allzu viel Kritik geschützt. Heute sprechen die Menschen selbstverständlich und für alle lesbar darüber. Weiß zum Beispiel jeder in der eigenen Firma, warum das eigene Produkt besonders ist? Was ist der eine Satz, mit dem man es am besten beschreibt? Hier ist nicht die Marke gemeint, sondern der Nutzen, warum man es kaufen soll. Ohne einen solchen Grund ist jeder Artikel digital langfristig unverkäuflich. In vielen Firmen werden in Strategie-Meetings zahllose Powerpoint-Folien präsentiert, auf denen Vorteile der verschiedenen Produktgruppen aufgelistet werden, die mit ihrer schieren Fülle an Text und Grafik darüber hinwegtäuschen, dass es keinen einfachen Grund für den Kauf gibt. Wenn ein Produktmanager den Vorteil seines Produktes nicht auf eine einzige Folie schreiben kann, wird es sich wahrscheinlich nur schwer gegen die Konkurrenz durchsetzen.

Den einen zentralen Satz zu finden, der das Produkt gewinnbringend beschreibt, ist zwar mühsam, führt aber zu klaren Verhältnissen.

Wer iterativ arbeiten und in intensiver Kommunikation mit seinen Kollegen die besten Ideen finden soll, braucht außerdem bereits in der Planungsphase eine klare Vision. »Macht doch auch mal irgendetwas mit Twitter«, wäre in diesem Zusammenhang zwar ein vollständiger Satz, aber er bildet keinen guten Ausgangspunkt. Vermutlich wird dieses Vorhaben nicht über »irgendetwas« hinauskommen. Wer jedoch »Das erste Auto zum Selberbauen« als Losung ausgibt, wird Ergebnisse erzielen.

Als der erste Satz über das iPad kommuniziert wurde, haben sich viele über den Begriff »magisch« gewundert. Es hieß, das iPad »soll ein revolutionäres und magisches Gerät sein – zu einem unglaublichen Preis«. Revolutionär ist es, über den Preis kann man streiten, aber magisch? Viele haben dem iPad wegen der fehlenden Funktionen jegliche Daseinsberechtigung abgesprochen. Nachdem es ein paar Monate auf dem Markt war, konnte man überall hören: »Kritisieren Sie das iPad erst, wenn Sie es 24 Stunden nutzen konnten. Der Vorteil des Gerätes erschließt sich nicht theoretisch, sondern nur, wenn man es benutzt.« Das war mit Magie gemeint. Ob Apple diesen Satz von Anfang an im Sinn hatte oder ihn erst in einem der vielen Meetings entdeckt hat, ist gleichgültig. Entscheidend ist, er beschreibt das Gerät und das Erlebnis seiner Nutzung auf knappe, ansprechende Weise.

Was würde Apple tun?

Apple ist außerordentlich gut darin, Unterhaltungselektronik zu verkaufen. Ob iPod, iPhone oder iPad – alle Geräte haben dem Unternehmen riesige Umsätze beschert. Die Mischung aus Qualität und Funktionalität begeistert immer mehr Menschen. Aber ist das Apple-Prinzip auch auf andere Branchen übertragbar? Was wäre zum Beispiel, wenn Apple Autos oder Küchen bauen würde? Wenn das Unternehmen hierbei dieselben Methoden, denselben ganzheitlichen Ansatz und dieselbe Leidenschaft an den Tag legen würde wie bisher, würden auch diese Produkte mit hoher Wahrscheinlichkeit zu einem großen Erfolg werden.
Auf den folgenden Seiten werden vier mehr oder weniger bekannte Dinge neu durchdacht und entworfen – und zwar anhand der im vorherigen Kapitel aufgezeigten Apple-Strategien: ein Auto, eine Küche, ein Fernseher und eine E-Learning-Plattform. Der Praxistest verdeutlicht, wie genau sich Apples Vorgehensweise von anderen Unternehmen unterscheidet. Die Annahmen erheben keinen wissenschaftlichen Anspruch; sie sollen auf spielerische Weise zeigen, wie Apple an Probleme herangeht, und beim Meistern eigener Herausforderungen helfen.

Ein Auto von Apple

Das Auto wird in einem Markt mit ständigem Innovationsdruck entwickelt. Prototypen neuartiger Automobile geistern immer wieder durch die Medien und finden regelmäßig Platz in großen Hollywood-Filmen. Seit die Sorge um den Klimawandel Teil des Mainstreams geworden ist, sind zudem Conceptcars in Arbeit, die geringen Verbrauch bei umfassender Leistung versprechen. Doch trotz der hohen Anforderungen an die individuelle Mobilität sind wirklich neue und große Erfindungen selten geworden.

Was würde Apple tun, um ein innovatives Auto zu bauen?

Der Startpunkt ist der Nutzer, in diesem Fall der Autofahrer: Welches Bedürfnis muss befriedigt werden, um einen Hype loszutreten, wie er bei iPhone und iPod entstanden ist? Warum sollen die Menschen bereit sein, ein Auto zu kaufen, das anders als alle bisherigen ist? Oft beginnt nun die Zeit der Researcher. Sie fragen: Was wollen Kunden heute? Um die Antwort herauszufinden, lässt man Studien anfertigen. Man befragt Experten, Berater und Fachleute, erstellt Zielgruppen-Profile, und nach wissenschaftlichen Prinzipen werden dann die wichtigsten Features des neuen Autos prognostiziert. Über Monate oder Jahre werden Studien analysiert und Ideen aufgrund dieser Studien bewertet.

Man kann aber auch ohne umfassende Analysen mit gesundem Menschenverstand sehen: Die Gleichförmigkeit und die Austauschbarkeit der Automobile widerspricht einer immer mehr nach Individualität strebenden Welt. Für dieses Problem eine Lösung zu finden ist nicht nur eine große Herausforderung, es birgt auch ein großes Potential. Es gilt, Autofahrer zu beobachten oder ihnen möglichst unbemerkt zuzusehen, um zu erkennen, was sie wirklich wollen.

Was ist der eine für jeden sofort einleuchtende Satz, mit dem das neue Auto definiert werden kann und der ganz am Anfang des Entwicklungsprozesses steht: das umweltfreundlichste Auto, das flexibelste Auto, das erste Auto, das selbst Gefahren erkennt, oder das schnellste Auto. Egal, für welchen Fokus man sich entscheidet, der Satz ist die Antwort auf die Frage: Warum kauft der Kunde den neuen Wagen? Gleichzeitig ist er Marketing und Kommunikationskonzept. Keine gute Idee ist es, allein der Marketingabteilung zu überlassen, ein Auto zu vermarkten, sich auszusuchen, welche Features sich gut anhören und diese dann mit den immer gleichen Phrasen und einer wenig authentischen emotionalen Aufladung zu bewerben.

Da die Automobilbranche komplex ist, muss man sich als Nächstes fragen, mit welchem Geschäftsmodell das neue Produkt den Markt erobern soll.

Ist ein Modell, in dem Energieriesen am Benzin verdienen, ein Status quo, der unumstößlich ist? Oder kann man von den Herstellern von Druckern und Kaffeemaschinen lernen und das Tintenpatronen-Modell für die Produktion und den Verkauf von Autos adaptieren? Nichts muss so bleiben, wie es ist. Denn warum soll sich zum Beispiel ein Riese wie Volkswagen nicht einen Energieversorger oder eine Tankstellenkette kaufen, die ausschließlich für Volkswagen-PKWs gedacht ist? Er kann den Kunden die Autos dann zu einem Bruchteil der heutigen Kosten verkaufen. Denn durch die Erweiterung des Geschäftsmodells können der gesamte Service, etwa Wartung und Reparatur, und eben auch die Energie aus dem Hause Volkswagen kommen, wodurch das Unternehmen umfassendere Einnahmequellen hat und während des gesamten Lebenszyklus des PKWs mitverdient. Vielleicht wird eine Quersubventionierung des Verkaufspreises eines innovativen Autos langfristig sogar bessere Klimaziele ermöglichen als das Verharren in heutigen Geschäftsmodellen?

Schließlich kommt die Technologie: Heute werden Autos von Automobilherstellern und vor allem von deren Zulieferern gebaut. Eine komplexe Wertschöpfungskette, die permanent mit unterschiedlichen Formaten und Systemen kämpfen muss, weil trotz aller Standardisierungsbemühungen kein einheitliches Prinzip – eine Art automobiles Betriebssystem – in Sicht ist. Ein gangbarer Weg ist, ein Betriebssystem für den Automobilbau zu definieren, in dem alle Beteiligten agieren, womit sie ihre Entwicklungs- und Produktionskosten rapide senken, was wiederum zu mehr Vielfalt und Möglichkeiten führt. Eine strikt modulare Bauweise im Rahmen einer einfachen und genialen technischen Struktur. Durch diese Technik werden kleinste Firmen hochspezialisierte Komponenten bauen, die jeder in einem einfachen Verfahren (Plug and Play) nutzen kann.

Man kann eine Technologie erfinden, die das Zusammenbauen eines Autos in weiten Teilen dem Käufer überlässt und damit Teile der Kosten nach dem IKEA-Prinzip verlagert und den Trend zum Selbermachen nutzt. In einem »Warenhaus für Automobile« erwerben Kunden dann zahlreiche miteinander kompatible Komponenten rund um einen Basisantrieb und bauen sich ihr individuelles Auto selbst.

Das Design des Wagens muss den Anspruch an Innovation auf der einen Seite und die einfache Bedienung und Nutzung auf der anderen Seite kommunizieren. Um das zu ermöglichen, wird Apple die Grundstruktur des Autos von den traditionellen Komponenten befreien. Etwa durch einen neuen Elektromotor-Antrieb direkt in den Rädern, der viele Bauteile heutiger Automobile überflüssig macht. Da die Räder den Motor und die Batterie direkt in sich tragen und über eine drahtlose Kommunikation aufeinander abgestimmt sind, entstehen für die Gestaltung der Karosserie zahllose neue Möglichkeiten: ein schlanker Wagen, in dem vier Personen hintereinander sitzen können, ein Einsitzer für den Nahverkehr und so weiter.

Am Ende dieses Prozesses befindet sich nicht nur ein Auto, sondern eine neue Plattform, die durch das Beobachten von Autofahrern, ein umfassendes und ganzheitliches Geschäftsmodell und eine moderne Technologie entstanden ist.

Eine Küche von Apple

In Deutschland geben die Menschen mehr Geld für ihre Küchen aus als für gutes Essen, sagt man. Auf jeden Fall gibt es in Sachen Küche und Lebensmittel einen riesigen Markt – und ein sehr traditionelles Geschäft. Denn anders als bei den Automobilherstellern, die schon lange auf digitale Technologien setzen und diese nutzen, um sich von den Wettbewerbern abzuheben, scheint die Zeit in den Küchen stehengeblieben zu sein. Abgesehen von ein paar Exoten findet man kaum innovative Lösungen am Herd. Dabei ist das Potential enorm.

Was würde Apple tun, um eine innovative Küche zu bauen?

Der Raum, in dem sich Menschen auf einer Party am liebsten aufhalten, ist die Küche. Auch in den Familien spielt sie eine große Rolle, und aus dem Leben der vielen Hobbyköche ist sie nicht wegzudenken. Es gibt viele verschiedene Personen, die sie tagtäglich nutzen. Auf der Suche nach einer neuen, ungewöhnlichen Küche wird Apple all diese Menschen beobachten und Rückschlüsse aus deren Verhalten ziehen. Es wird dabei unter anderem logistische Probleme entdecken, da Lebensmittel oft in den Tiefen der Schränke verderben oder die Entsorgung des Leerguts eine nicht immer einfach zu bewerkstelligende Aufgabe darstellt. Außerdem gibt es zwar zahlreiche Rezeptdatenbanken im Netz, aber Vorschläge auf Basis der vorhandenen Zutaten zu erhalten ist mühsam, und das Nachkochen erfordert einen PC in der Nähe der Küche.

Ganz sicher ist eine Küche von Apple schön und schlicht. Schon ihr Aufbau ist ein Erlebnis. Die Oberflächen und Materialen sind hochwertig und ökologisch nachhaltig. Alles ist einfach zu bedienen. Man muss nicht erst zahllose Handbücher durchlesen, bevor Wasser erhitzt oder Speisen eingefroren werden können.

Die gesamte Küche ist ein vernetztes digitales System. Wer zum Beispiel ein bestimmtes Rezept kochen will, lädt es durch einen mit allen Küchengeräten verbundenen Computer aus einer eigenen Datenbank oder dem Internet herunter und wird nun Schritt für Schritt durch das Programm geführt. Die einzelnen Geräte werden per Touchscreen gesteuert, der groß genug ist, um auch Videos anzuzeigen. So sieht der Koch auf dem Bildschirm am Kühlschrank, wie man einen Fisch filetiert, oder kann am Herd den Countdown verfolgen, bis das Gemüse gegart ist. Akustische Signale helfen, nicht den Überblick zu verlieren. Der Herd stellt automatisch die richtige Temperatur ein und reguliert sie während des Kochvorgangs. In kleinen Gefrierfächern werden die Speisen rechtzeitig aufgetaut, die laut Wochenplan am nächsten Tag benötigt werden.

Die EAN-Codes an den Produkten, die im Kühlschrank oder Küchenschrank gelagert werden, teilen über einen in den Geräten beziehungsweise Möbeln integrierten Scanner mit, welche Produkte vorhanden sind. Anhand der verfügbaren Lebensmittel kann die Küche entsprechende Rezept-Vorschläge machen und dabei fast abgelaufenen Produkten den Vorzug geben. Aus den Gewohnheiten der Bewohner liest die Küche bestimmte Einkaufsfrequenzen ab und macht Bestellvorschläge, die einerseits den aktuell vorhandenen Platz im Inneren der Schränke und andererseits die Anwesenheit der Personen im Haushalt berücksichtigen.

Heute verdienen Küchenhersteller ihr Geld, indem sie Möbel und Elektrogeräte verkaufen. Die neue Küche kommt mit einem flächendeckenden Kundendienst, der sie verkauft, aufbaut und wartet. Der Clou dabei: Der Kundendienst ist auch ein Lebensmittel-Bringdienst und sorgt für eine reibungslose Abwicklung, also Lieferung, Abholung von Leergut und Kundenservice. Um dem Kunden ein Rundum-sorglos-Gefühl zu geben, kommt nicht nur die Küche, sondern auch der Einkauf aus einer Hand. Für die Bereitstellung dieses umfassenden Service kooperiert Apple mit etablierten Marktteilnehmern und bindet diese in das gesamte Konzept ein. Das Unternehmen übernimmt die Aufgaben selbst, für die kein externer Dienstleister gefunden wird. Denn Abstriche werden nicht gemacht.

Die Technologie, heute noch isoliert, wird vernetzt. Alle Geräte haben eine einheitliche Benutzeroberfläche, mit Symbolen, die selbsterklärend und sprachunabhängig verständlich sind. Die verschiedenen Geräte kommunizieren in einem Netzwerk mit anderen digitalen Geräten. In jedem Fall ist die Küche »im Internet« und kann so aktuelle Treiber und Konfigurationen automatisch laden. Über das Netz versorgt die Küche ihre Nutzer regelmäßig mit Informationen, etwa über den durchschnittlichen Stromverbrauch von anderen Küchen, und warnt zum Beispiel bei zu hohem Stromverbrauch eines Geräts. Um eine einfache Programmierung der Rezepte zu ermöglichen, greift man auf eine Infrastruktur zurück, die der Erstellung und dem Vertrieb der Apps ähnelt. Entwickler realisieren so nicht nur Rezepte für die Küche, sondern auch andere Applikationen, wie zum Beispiel Spiele, die man auf Partys oder zu anderen Gelegenheiten nutzen kann.

Sehr wahrscheinlich würde Apple aber keinen Roboter bauen, der das Kochen übernimmt, sondern auf jahrtausendalte Tradition und Leidenschaft vertrauen und die Leute selbst kochen lassen.

Ein Fernseher von Apple

Seit Jahren spricht die Fachwelt von medialer Konvergenz, also dem Zusammenwachsen der verschiedenen Medien wie Fernsehen, Radio und Internet, und doch sitzen täglich Millionen vor dem Fernseher und können nichts weiter tun, als durch die Programme zu zappen. Zwar bemüht sich Apple schon heute mit einer kleinen Set-Top-Box namens Apple TV um diesen Markt, doch die Antwort auf die große Frage ist auch Apple bisher schuldig geblieben. Also:

Was würde Apple tun, um einen innovativen Fernseher zu bauen?

Apple wird auch hier beim zukünftigen Kunden beginnen und sich in dessen Wohnzimmer begeben. Auch wenn es aufwendig ist, Nutzer beim Fernsehen zu beobachten, ohne ihn durch die Beobachtung zu stören und zu anderen Handlungen zu verleiten, bleibt das die Basis für alle weiteren Schritte. Denn die Befragung der Zuschauer hat bisher wenig Erhellendes ergeben. Die Fernbedienungen sind zu kompliziert, im Fernsehen läuft nur Mist und die Werbung stört. Das sind einige der Aussagen, die »Fern-Seher« schon heute von sich gegeben. Doch dann sitzen sie wieder Abend für Abend vor dem Flatscreen, als ob sie nie befragt worden wären.

Der Fernseher dient nicht nur dem Abspielen von Filmen oder Live-Sendungen, sondern ist auch ein Möbelstück, das meist im Zentrum des Wohnzimmers steht. Er ist ein Statussymbol, und je mehr Anschlüsse er hat, je mehr Möglichkeiten er bietet, desto besser. Doch die vielen Möglichkeiten sind verwirrend und erfordern eine zeitaufwendige Auseinandersetzung mit dem Gerät; je nach Konfiguration muss man, nur um ein Fußballspiel zu sehen, drei bis fünf Geräte anschalten und bedienen.

Apple wird auf den gesunden Menschenverstand vertrauen und entscheiden: Ein neuer Fernseher muss vor allem einfach zu bedienen sein; ohne Schnickschnack und Kabelsalat. Die vielen Zusatzgeräte und das Fachchinesisch der Verkäufer sind viel zu kompliziert. Daher gilt es, sich bei der Entwicklung des Fernsehers auf die wesentlichen Funktionen zu beschränken. Nutzer wollen das Gerät kaufen, es nach Hause bringen und schnell aufbauen, um dann Fußball zu gucken. Diejenigen, die weiterhin erst in Fachmagazinen und Handbüchern lesen wollen, um eine Sendung zu sehen, werden nicht zur avisierten Zielgruppe gehören.

Wie der iMac ist der neue Fernseher von Apple flach und integriert alle Geräte in einem Gehäuse. Die Technik verschwindet hinter dem Design und hat es trotzdem in sich: Der Fernseher besteht aus dem Bildschirm und einem kompletten Computer. Der Nutzer braucht nur noch ein Gerät, um im Web zu surfen, fernzusehen und geliehene Filme zu schauen oder Musik zu hören. Doch man hat keinen klassischen Empfänger mehr, etwa Satellit oder DVB-T, denn alle Inhalte des neuen TVs gelangen über das Internet ins Wohnzimmer.

Um mit einem Fernseher in einem hart umkämpften Markt Geld zu verdienen, muss er etwas wirklich Neues bieten: Er ist die technische Plattform für die verschiedensten Marktteilnehmer – ganz wie der iPod oder das iPhone. Als Anbieter wird man dann nicht nur durch den Verkauf des Gerätes, sondern auch durch die Einnahmen aus einem TV-App-Store verdienen. Der Fernseher von Apple ist mehr als ein Produkt, es ist eine Plattform, auf der TV-Apps laufen: Es werden neuartige Spiele gespielt, es wird über das Internet kommuniziert. Facebook und Google haben genauso eine TV-App wie die Tageszeitung und der Sportkanal. Verschiedene Anbieter konkurrieren um das beste digitale Videorekorder-Programm, und Sender zeigen ihre Gewinnspiele durch einen Split Screen parallel zu Sendungen. Spielshows beziehen die Menschen an den Geräten ein, und Talkshows schalten live in die Wohnzimmer der Zuschauer, um Fragen zu erörtern. Der Fernseher kann sich wie heute das iPad mit der entsprechenden App ganz einfach in ein neues Gerät verwandeln. Mal ist der Fernseher eine Computerspiele-Konsole, mal Videokonferenz-System und manchmal einfach nur klassisches Abspielgerät für einen Film.

Auch die Werbebranche hat durch den innovativen Fernseher neue Möglichkeiten, Marken erlebbar zu machen, und kann interaktive Werbespots ausstrahlen. Wer vor einer Vorabendserie für einen Staubsauger wirbt, bucht gleichzeitig eine App, die nach dem Spot unten links in der Ecke eingeblendet wird. Entscheidet sich der Nutzer, mehr

Informationen zum Staubsauger anzusehen, wartet das Programm, bis der Nutzer mit der Info-App fertig ist, um erst dann mit der Serie zu starten. Während der Filme oder Sendungen werden kostenlose Apps angeboten, die Kunden zunächst »sammeln« können, um sie später in Ruhe auszuprobieren. Der klassische Werbespot kann mit dem neuen Fernseher ganz andere Dimensionen annehmen, da er nicht nur linear abläuft, sondern interaktiv wird – und das zur besten Sendezeit.

Der Aufwand, der für die Entwicklung einer solchen TV-Plattform notwendig ist, wird die meisten Hersteller abschrecken, diesen Weg zu gehen. Neben Google und Apple haben unter anderem auch die Deutsche Telekom und Sony bereits Geräte auf dem Markt, die man an den Fernseher anschließen kann. Hauptproblem bei allen ist jedoch: Sie sind (noch) keine ganzheitlichen Plattformen. Außerdem lösen sie das Problem der vielen Kabel und Anschlüsse nicht, bieten also nichts aus einem Guss. Vor allem beinhalten die aktuellen Angebote keine modernen Marktplätze, die freien Entwicklern die Möglichkeit eröffnen, eigene Anwendungen zu verbreiten.

Dabei steckt im Fernseher der Zukunft ein Milliardenmarkt. Mit der Verknüpfung von Fernseher und einem TV-App-Store kann ein Hersteller die erfolgreichen Konzepte rund um den App Store von Apple kopieren und dessen Erfolg im Wohnzimmer wiederholen.

Eine E-Learning-Plattform von Apple

Lebenslanges Lernen ist eines der zentralen gesellschaftlichen Themen. Dabei wird das Lernen, wie es etwa in Schulen, Universitäten oder Volkshochschulen praktiziert wird, oft nur am Rande durch neue Medien unterstützt. Obwohl es zahlreiche E-Learning-Ansätze gibt, ist keine generelle E-Learning-Lösung in Sicht, die der Realität der modernen Wissensarbeiter entsprechen würde. Eine traditionelle Denkweise und veraltete Abläufe verhindern eine durchgängige Digitalisierung. Dabei könnten von einem innovativen digitalen Marktplatz für Bildungsangebote nicht nur die Schüler, sondern auch die Anbieter und Entwickler von Lernprogrammen profitieren.

Was würde Apple tun, um eine innovative E-Learning-Plattform zu entwickeln?

Um das Lernen innovativer und fortschrittlicher zu gestalten, muss man zunächst potentielle Kunden oder Nutzer definieren – und sie beobachten.

Ob Schüler, Studenten oder andere Lernende – sie alle müssen effizient mit ihrer Zeit haushalten. Viele Menschen bilden sich, um beruflich weiterzukommen. Oft sind die Aufstiegschancen größer oder der eigene Job einfacher zu bewältigen, wenn man über eine zeitgemäße und aktuelle Ausbildung verfügt. Auch Firmen bieten ihren Mitarbeitern Kurse zur Weiterbildung an. Viele dieser Kurse oder Seminare sind extern eingekauft und behandeln berufsentscheidende Fähigkeiten, also etwa Verkaufstechniken für Vertriebsmitarbeiter, Präsentationstechniken oder den Umgang mit Microsofts Office. Mitarbeiter einer Firma, Freiberufler und andere Interessierte brauchen heute Anbieter, die nicht nur Inhalte vermitteln, sondern darüber hinaus Angebote machen, die flexibel nutzbar sind.

Diejenigen, die lehren – also beispielsweise freie Trainer, Institutionen wie Universitäten, Hochschulen, Schulen, aber auch firmeninterne Weiterbildungsanbieter –, haben die Kompetenz gemein, Wissensinhalte didaktisch sinnvoll aufzubereiten und weiterzugeben. Manche Lernangebote sind stark spezialisiert und nur für wenige von Interesse. Andere Angebote, gerade die Vermittlung von Office-Software, betriebswirtschaftliche Grundlagen oder Know-how zur Entwicklung von Webseiten, werden wiederum viel nachgefragt. Das Ziel der Anbieter ist es, möglichst viele Abnehmer der eigenen Lektionen zu erreichen und mit ihren Produkten Geld zu verdienen.

Zentrales Element einer E-Learning-Plattform ist ein modernes Onlineportal für Lehrende und Lernende. Hier kommen die Beteiligten virtuell zusammen und tauschen sich aus. Es ist eine Kombination aus einer Suchmaschine, einem App Store und einer Community wie Facebook. Sämtliche Unterrichtseinheiten können dort eingestellt werden. Wenn Schüler oder Studenten gerade besonders produktiv sind oder viel Zeit haben, können sie sich den kommenden Stoff vorab aneignen. Schwächere können sich dagegen mehr Zeit lassen, um den Lernstoff abzuarbeiten.

Die E-Learning-Plattform funktioniert wie ein Online-Netzwerk. Die Lernenden stehen in ständigem Kontakt mit anderen Mitgliedern. Wo sie dabei sitzen, ist für das Studium oder die Kommunikation mit den anderen egal: zu Hause, im Internetcafé oder in der Firma. Sie brauchen nur einen Computer und den Zugang zum Internet.

Ein persönliches Zusammentreffen ist zu bestimmten Zeiten notwendig, um sich auszutauschen, Ideen zu präsentieren und sich in kleinen Gruppen zu treffen. Da jeder Lernende einen Laptop nutzt, auf dem alle Informationen und Programme installiert sind, kann er sich auch in Online-Konferenzen mit den Kursteilnehmern oder mit dem Dozenten zur Gruppenarbeit verabreden.

Das Geschäftsmodell für diese Art der Weiterbildung ist ein spezieller App Store mit den Lerneinheiten: Dozenten, Trainer oder Lehrer können mit einem einfachen Autorentool Lern-Apps entwickeln, die sie dort verkaufen. Innerhalb des Onlineportals können auch Lehrbuchverlage, Coachingakademien, Weiterbildungsstätten und andere Anbieter innovative Lerneinheiten einstellen, die nach einer Freigabe in den Pool der Apps kommen.

Die Programme sind einer Qualitätskontrolle unterworfen, die regelmäßig auf den neuesten Stand gebracht wird. Eine App muss inhaltlich und didaktisch einwandfrei sein. Diese Qualitätssicherung wird zum einen vom Anbieter der E-Learning-Plattform und zum anderen von den Beteiligten selbst übernommen. Wer eine Lerneinheit durchgearbeitet hat und dabei bemerkt, dass sie nicht funktioniert, kann mit einem Kommentar im App Store dazu beitragen, dass der Anbieter entsprechende Veränderungen vornimmt. Studenten, die gewisse technische Fähigkeiten mitbringen, können eigene Lerneinheiten realisieren und so selbst dafür sorgen, dass die Inhalte aktuell bleiben – und Geld verdienen. Ein spezielles Autorenprogramm versetzt jeden in die Lage, eine Lern-App zu kreieren.

Neben den bekannten Marktteilnehmern wie Schulbuchverlagen bietet der App Store anderen, freien Entwicklern die Möglichkeit, eigene Angebote einzustellen – nach vorheriger Freigabe. Die Einbeziehung dieses hochdynamischen Teils der Wirtschaft führt zu einer Erhöhung der Innovationsbereitschaft und kreiert einen ganz neuen Markt.

Orte zu schaffen, an denen sich die virtuell Lernenden mit den Lehrenden treffen, also Hörsäle, Klassenzimmer oder Sitzungsräume in Firmen, bleibt weiterhin eine wichtige Aufgabe, die jenseits der E-Learning-Plattform stattfinden muss. Denn Bildung lässt sich nicht nur auf das Lesen von Büchern oder das Durcharbeiten von Lern-Apps reduzieren, sondern muss weiterhin Diskussionen und Präsenzveranstaltungen umfassen.

Egal, wer eine solche Plattform der Lern-Apps schlussendlich wirklich betreiben sollte, eine private Firma oder eine staatliche Institution, als erster umfassender Marktplatz für Bildung bietet sie den Beteiligten neue Möglichkeiten, um digital Gewinne zu erwirtschaften.

Was bedeutet die mobile Revolution?

Seit Einführung der mobilen Telefonie wurde in diesem Bereich viel Geld verdient. Sowohl mit den Verbindungspreisen, die der Telekommunikationsbranche gerade am Anfang riesige Umsätze und Gewinne bescherten, als auch später mit der SMS und den Klingeltönen. Anders als im Web sind Konsumenten immer bereit gewesen, für mobile Dienste Geld auszugeben. Mit dem iPhone hat Apple die Verbindung von Internet und mobilen Geräten geschaffen und so eine mobile Revolution ausgelöst, die auch oft als »Mobiles Internet« bezeichnet wird. Um zu verstehen, welche Möglichkeiten sich durch diesen Umbruch ergeben und wie man selbst an den Innovationen partizipieren kann, um Geld zu verdienen, werden in diesem Kapitel die wichtigsten Bestandteile des Umbruchs genauer betrachtet: Neben den mobilen Geräten selbst sind soziale Netzwerke, die kostenlose Lokalisierung von mobilen Geräten, Cloud Computing und das Internet der Dinge die Zutaten, aus denen sich in den nächsten Jahren neue Produkte und damit neue Geschäftsfelder entwickeln werden.

Soziale Medien und Empfehlungen

Ohne mobile Endgeräte wie das iPhone wären Anbieter wie Facebook oder Twitter bei weitem nicht so beliebt, wie sie es heute sind. Denn erst mit den neuen tragbaren Geräten und dem damit verbundenen enormen Anstieg der mobilen Internetnutzung wurde es möglich, permanent Daten und Informationen auszutauschen – eine notwendige Voraussetzung für das Funktionieren moderner sozialer Netzwerke.

Wer heute auf Google nach einem Begriff sucht, wird in der Regel Tausende von Treffern finden. Diese Treffer sind das Ergebnis der Suche, die Google auf allen indizierten Webseiten durchführt. Im Kampf um mehr Relevanz für die Suchenden bezahlt Google viel Geld für die Erlaubnis, die Beiträge von Twitter-Usern, die sogenannten Tweets, zu indizieren und sie in den Suchergebnissen zu präsentieren. Diese Tweets, bei Facebook Statusmeldungen genannt, werden mehr und mehr zum wichtigsten Seismographen für Inhalte, denn anders als bei den indizierten Webseiten nutzen Menschen die Statusfunktion, um Fragen zu stellen, Antworten zu geben oder aber um etwas zu empfehlen. Oft wird der Status von einer Person direkt an Ort und Stelle, also mit mobilen Endgeräten erfasst und versendet.

So hat ein Passant das berühmt gewordene erste Foto des auf dem Hudson-River in New York notgelandeten Jets mit seinem Telefon gemacht und mit den Worten: »Da ist ein Flugzeug im Hudson River. Verrückt.« auf Twitter veröffentlicht.

Oft verweisen diese Meldungen per Link auf bestimmte Inhalte und enthalten eine kurze Bewertung. Durch die Verweise auf andere Seiten im Netz werden die Statusmeldungen zu mächtigen Empfehlungswerkzeugen, die Google schon heute zu manchen Themen den Rang abgelaufen haben. So haben Anfang 2010 mehr Menschen auf Facebook nach Markennamen gesucht als auf Google. Empfehlungen in sozialen Netzwerken wie Facebook oder Twitter können wiederum kommentiert und favorisiert werden. Jedes Mal, wenn ein Mitglied der Community einen Kommentar zu einer Empfehlung schreibt oder eine Empfehlung »mag«, erscheint der Link in seinem Profil und kann von seinen Freunden gelesen werden.

So entsteht schnell ein Trend nach dem Schneeballprinzip. Immer häufiger sind diese Empfehlungen der Grund, warum Menschen einen Online-Shop, ein Nachrichtenportal oder eine andere Webseite besuchen. Mit der Einführung des Like-Buttons von Facebook und seiner Nachahmer ist die Anzahl der Empfehlungslinks explodiert. Die Folge: Die Inhalte des Internets werden nicht mehr nur durch Googles Such-Algorithmus, sondern auch durch Kunden und User priorisiert. Der Button ist eine standardisierte Schaltfläche, die jeder Webseite-Betreiber einfach in seinen Auftritt integrieren kann. Wenn einem Facebook-Mitglied auf der Seite etwas gefällt, kann der Knopf betätigt werden. Damit drückt der Nutzer seine Zuneigung für einen bestimmten Inhalt, ein Video, einen Artikel oder ein Produkt aus und veröffentlicht dies auf Facebook, um es seinen Freunden mitzuteilen.

Da viele Statusmeldungen mobil und mit einer Ortsinformation verfasst werden, kann man beispielsweise bei Twitter herausfinden, wer interessante Informationen zu einem Ort zu bieten hat, in dessen Nähe man sich gerade befindet. Auf diesem Weg werden soziale Medien in Verbindung mit mobilen Endgeräten mächtige Verbündete der Werbeindustrie.

Um die Empfehlungen für das eigene Produkt oder die eigene Dienstleistung zu unterstützen und zu steigern, bemühen sich zahlreiche Unternehmen im Rahmen von sogenanntem Social-Media-Marketing um die Aufmerksamkeit der Nutzer. Hierbei werden verschiedene Methoden angewandt, diese zu einer Empfehlung zu motivieren. Experten gehen davon aus, dass ein Großteil des Erfolges von digitalen Angeboten in Zukunft auf diesen Mechanismus zurückzuführen sein wird. Wobei heute noch niemand sicher weiß, ob das virale Weiterempfehlen eines Produktes methodisch sicher angestoßen werden kann. Bekannte Marken mit »coolen« Produkten haben es leicht, auf Facebook oder anderen sozialen Netzwerken Freunde zu finden. Aber kleineren Marken oder Firmen mit uninteressanten Alltagsprodukten wird es schwerer fallen, von diesem Empfehlungstrend zu profitieren.

Empfehlungen sind die neue Währung im Netz, die Links wichtiger als der Inhalt, wie Jeff Jarvis in seinem Blog beschreibt. Dennoch: Die Links müssen auf etwas verweisen, das lohnt, gelesen, angesehen oder angeklickt zu werden. Die gernzitierte Link-Ökonomie braucht Inhalte, denn sonst bleiben die Links beliebig und verweisen am Ende nur auf sich selbst.

Diese Inhalte werden zunehmend in kleinen Einheiten angeboten, etwa als Blogbeiträge, kurze Videos oder Artikel einer Nachrichtenseite, und kursieren in immer größer werdender Anzahl durchs Netz. Es sind zahlreiche Internetdienste entstanden, die sich darauf spezialisiert haben, Inhalte anzuzeigen, die von Freunden empfohlen werden. Insofern sind diese Online-Netzwerke, kombiniert mit den kleinen Info-Happen, Zutaten einer neuen Art des meist mobilen Medienkonsums.

Hier bietet Google mit dem Google Reader eine ausgereifte Lösung an. Denn der Dienst der Suchmaschine organisiert einerseits das Lesen von RSS-Feeds, die auf den Webseiten veröffentlichte Neuigkeiten enthalten, und zeigt andererseits Empfehlungen von Freunden an, die den Google Reader ebenfalls nutzen. Auf dieser Plattform vereinen sich also die oben genannten neuen Möglichkeiten. Dazu bietet Google eine weitestgehend offene Programmierschnittstelle an.

Der Grundgedanke dabei ist, die vorhandenen Inhalte über ein einfaches System zu verwalten und die Empfehlungen des Netzwerks zu integrieren. So entsteht eine Art Leseliste, die Texte, Videos und Musik – nach Wichtigkeit sortiert – aus allen vorher angegebenen Quellen beinhaltet. Diese Informationen kann man sich auf der Webseite des Readers von Google ansehen. Zum anderen bevölkern zahlreiche Lese-Apps den App Store, mit denen man auch mobil auf die Inhalte des Google Reader zugreifen kann. Das iPhone wird zu einer personalisierten Zeitung mit zahllosen Quellen, die minütlich aktualisiert wird und auf

Basis der Empfehlungen von Freunden zusammengestellt ist.

Es entstehen immer mehr Dienste, die solche Inhalte optisch ansprechend aufbereiten. Sie prüfen alle Empfehlungen von Freunden, die in Form von Links abgespeichert wurden, und organisieren diese nach Wichtigkeit, Aktualität oder Häufigkeit der Nennung in einem System. Angezeigt wird das Ergebnis dann zum Teil als aufwendig gestaltetes Magazin: Gerade im Falle des amerikanischen Start-ups Flipboard spielen mobile Geräte wie das iPad eine große Rolle. Denn sie ermöglichen die permanente Nutzung der Informationen und beschränken diese nicht nur auf den PC. Die so entstandene persönliche Zeitung der Flipboard-App kommt der klassischen Variante sehr nahe – man blättert wie gewohnt von Seite zu Seite und liest die Inhalte in einem an die gedruckten Vorbilder angelehnten Layout.

Die etablierten journalistischen Angebote bekommen personalisierte Alternativen, die sich der Empfehlungen aus sozialen Netzen bedienen. Es ist allerdings nicht klar, wem die gesammelten Links gehören: Den Nutzern, die oft nicht genau wissen, wie viel sie von sich preisgeben, den sozialen Netzwerkbetreibern, die solche Informationen in der Regel anonym an Werbekunden verkaufen, oder den Anbietern der hier beschriebenen Aggregatoren, die sie erst nutzbar machen?

Die Bedeutung der sozialen Netzwerke für das eigene Unternehmen, für Produkte oder Dienstleistungen ist auf jeden Fall groß. Denn der Hauptvorteil für die Firmen ist, dass sie sich mit der Hilfe dieser Netzwerke ein reales Bild von der Meinung machen können, die andere über sie haben. Mit den entsprechenden Tools ausgerüstet, kann man heute in kurzer Zeit einen ersten Eindruck davon gewinnen, »wie man da draußen über einen spricht«. Trends lassen sich mit Hilfe der verschiedenen Technologien aufspüren.

Mit iTunes-Ping hat auch Apple den Markt der sozialen Netze betreten und seine Medien-Software mit verschiedenen Empfehlungs- und Kommentarfunktionen ausgestattet. Wie zu erwarten war, sind die Reaktion auf Apples Vorstoß zweigeteilt: Die einen finden ein weiteres soziales Netzwerk überflüssig. Andere verstehen diesen Schritt, da Apple mit digitalen Waren – in diesem Fall Musik – handelt, die perfekt zu einem sozialen Netzwerk passen. Mit Hilfe von iTunes-Ping können Nutzer von iTunes ihre musikalischen Vorlieben ausdrücken und Rezensionen zu Alben oder Künstlern publik machen – der Kauf eines Songs ist dabei immer nur einen Klick entfernt.

Bei Ping sind nicht nur Privatpersonen aktiv, sondern auch Künstler, die Informationen über ihre aktuelle Tour oder das gerade entstehende Album mitteilen. Mit den über 160 Millionen Nutzern von iTunes kann es Apple gelingen, eine Community rund um das Thema Medien aufzubauen, die unabhängig von Facebook funktioniert und im Bereich von Musik oder Film durchaus eine Alternative darstellt. Kurze Zeit nach dem Erscheinen von Ping wurde diese Funktion ebenfalls für die mobilen Geräte von Apple freigeschaltet. Wer auf seinem iPhone ein Lied hört, das ihm gefällt, kann das mobil mit einem Klick seinen Freunden mitteilen.

Der richtige Boom der sozialen Interaktion steht jedoch noch bevor. Nach Angaben des Betreibers nutzen täglich über 200 Millionen Menschen Facebook. Immer mehr tun das über ihr Telefon, auf dem die entsprechende App Facebook nutzerfreundlich präsentiert. Und weil die Zeit an der Bushaltestelle oder in der Straßenbahn, im Zug oder im Flugzeug bereits heute intensiv dazu genutzt wird, sich über Neuigkeiten und aktuelle Empfehlungen von Freunden zu informieren, die natürlich auch Links zu Filmen, Nachrichten und Webseiten beinhalten, wird sich auch der allgemeine Medienkonsum schon bald immer mehr in Richtung mobiler Nutzung verlagern. Wer heute Filme oder Nachrichtensendungen schauen oder sich im Internet informieren will, ist durch die neuen Geräte an keinen Ort mehr gebunden.

Standort

Mit dem Aufkommen der Smartphones wie dem iPhone, die über ein GPS-Modul verfügen, kann man den genauen Aufenthaltsort des Benutzers kostenlos bestimmen. Diese Information wird mehr und mehr von Internetfirmen dazu genutzt, dem Handy-Besitzer »ortsrelevante« Informationen bereitzustellen.

Waren es zunächst Navigationsgeräte, die von der Standortbestimmung Gebrauch gemacht haben, sind es seit 2007 in größerem Maße auch Telefone. Apple hat eine App auf dem iPhone vorinstalliert, die den eigenen Standort auf einer Landkarte anzeigt und Straßenrouten berechnet. Zwar ist die App nicht dazu geeignet, eine professionelle Navigationslösung zu ersetzen, doch sie hat gezeigt, dass die Verortung für Nutzer eine große Rolle spielt. Wenn man beispielsweise am Bahnhof einer fremden Stadt steht und den Weg zum Hotel nicht kennt, kann man das Hotel in der App suchen und bekommt den Fußweg angezeigt. Da Apple die technische Schnittstelle zur Standortbestimmung für Entwickler freigegeben hat, entstehen zahlreiche Programme, die diese Information in neuen Anwendungen verarbeiten.

Facebook hat beispielsweise mit seinem 2010 lancierten

Dienst Places den Ort als Profilelement in sein Netzwerk aufgenommen. Nutzer können Freunden ihren Aufenthaltsort mitteilen – mit einem einfachen Klick in ihrer Facebook-App auf dem iPhone. Damit hat die Firma ihre ohnehin schon umfassenden Daten für Werbekunden noch einmal interessanter gemacht. Umstritten ist die Funktion, Freunde zu verorten, also jemanden auf Facebook mit einem bestimmten Ort in Verbindung zu bringen, ohne dass dieser das weiß.

Die Möglichkeiten der Standortbestimmung sind bei weitem noch nicht ausgereizt. In Kombination mit anderen Gerätesensoren entstehen nach und nach neue Möglichkeiten, die sich sowohl in der professionellen IT, beispielsweise in der Logistik, als auch im Bereich der Spiele nutzen lassen. Apps, die Daten zu Orten bereitstellen, wie etwa Reiseführer, nutzen bereits einige dieser Entwicklungen. So kann der Reisende sein iPhone, das durch die App zum interaktiven Reiseleiter geworden ist, fragen: Was für Sehenswürdigkeiten oder Restaurants gibt es in der Nähe, und erhält nach Kategorien aufgelistet die entsprechenden Informationen. Inklusive der Anweisung, wie man an die interessanten Orte gelangt, und einer Landkarte, auf der sie eingezeichnet werden. Anbieter wie Qype haben ihre App mit den Schnittstellen ihrer zentralen Datenbanken verknüpft und bieten dem Nutzer Zugriff auf Abertausende von Bewertungen. So wissen die Nutzer der Qype-App auf die Frage nach einem guten Italiener in der Nähe fast immer eine Antwort.

Cloud Computing

Moderne mobile Endgeräte werden immer leistungsfähiger. Das eigentliche Potential der neuen mobilen Lösungen basiert jedoch auf der Tatsache, dass der größte Teil der Rechenarbeit nicht mehr auf dem Gerät des Nutzers stattfinden muss. Denn wer heute beispielsweise einen Standort auf einer Landkarte angezeigt bekommen will, schickt eine Anfrage an einen Anbieter wie Google oder Microsoft, der diese dann berechnet und als grafische Information wieder zurücksendet. Die eigentliche Rechenleistung – den Landkartenausschnitt aus einem riesigen Datenbestand im richtigen Maßstab herauszusuchen und darauf Symbole wie das des eigenen Standortes zu setzen – erledigt ein Computer, der irgendwo in der sogenannten Cloud oder Wolke, also in diesem Fall in einem Rechenzentrum von Google oder Microsoft steht. Auf diese Art können so gut wie alle rechenintensiven Prozesse ausgelagert werden – und das ermöglicht den mobilen Endgeräten erst ihre Leistungsfähigkeit.

Grundsätzlich bedeutet Cloud Computing das Auslagern von IT-Infrastruktur wie Hardware oder Software auf zentrale Rechenzentren. Wie immer bei neuen Technologien oder Methoden, die am Anfang eines Trends stehen, wetteifern verschiedene Firmen um die besten Lösungen und um eine aussichtsreiche Ausgangsposition für den zukünftigen Markt. Während die klassischen IT-Lieferanten wie Microsoft, SAP und Oracle ihr bestehendes Geschäftsmodell der Produktlizenzen sichern und zusätzlich neue Angebote »in der Cloud« platzieren müssen, um im digitalen Wettbewerb keine Kunden zu verlieren, hat es Google leichter:

Um seine Suchmaschine zu betreiben, verfügt Google über eines der größten, verteilten Rechenzentren der Welt und bietet diese Kapazitäten über seine Cloud-Services an. Wie bereits erwähnt basiert das Geschäftsmodell von Google vor allem auf dem Verkauf von Textanzeigen, mit denen Firmen in der Suchmaschine werben können. Die dadurch vorhandene übergroße IT-Infrastruktur bietet das Unternehmen seinen Kunden über die Cloud-Dienste fast kostenlos an.

Amazon bietet ebenfalls schon länger Zugriff auf seine Server-Infrastruktur, und Apple hat seit Jahren einen entsprechenden Online-Dienst, der MobileMe genannt wird. Auch zahlreiche andere Firmen, wie 37signals aus Chicago oder ePages aus Deutschland, sind Teil der Cloud-Bewegung.

Google besitzt jedoch im Vergleich zu diesen Wettbewerbern durch seine finanzielle und technische Marktposition einen enormen Vorsprung. Während alle anderen Anbieter in etablierten, hartumkämpften Märkten agieren und Geld für ihre Produkte verlangen müssen, kann Google die meisten seiner Dienste kostenlos anbieten: Angefangen bei der E-Mail-Lösung Google Mail über die Google Sites bis hin zum Office-Konkurrenten Google Docs.

Mit den Google Apps und der damit verbundenen Möglichkeit, alle wichtigen Dienste von Google geschützt zu benutzen, hat es der Konzern geschafft, Tausende Firmen mit Millionen Mitarbeitern auf seine Plattform zu ziehen – für einen Kampfpreis von 40 Dollar pro Jahr und Nutzer. Dabei laufen alle Angebote unter der eigenen Domain, also einer Internetadresse wie zum Beispiel www.artundweise.de. Wer günstig arbeiten will, ist im Moment gut beraten, seine Basisinfrastruktur für einen Beitrag aus der Portokasse bei Google einzukaufen und sie mit einfachen und kostengünstigen Geräten wie beispielsweise dem iPad oder Ähnlichem zu nutzen.

Texte und Präsentationen werden mit Google Docs erstellt. Der Austausch der Daten wird durch ein ausgeklügeltes Zugriffskonzept ermöglicht. Und das gemeinsame Bearbeiten von Dokumenten inklusive einer Versionierung, bei der verschiedene Bearbeitungsstände automatisch gespeichert werden, funktioniert auch. Die interne Kommunikation wird mit Google Sites oder Google Wave realisiert, und die komplette Abwicklung der E-Mails inklusive deren Sicherung und zentraler Verwaltung übernimmt Google Mail, das viele Nutzer aus privaten Gründen schon kennen. Das Konzept ist so groß angelegt, dass selbst die Verwaltungen großer Städte oder Konzerne mitmachen und Millionen sparen. Unter normalen Umständen würden 40 Dollar pro Nutzer nicht ausreichen, um ein derartiges Angebot unterbreiten zu können. Google reicht der Preis nur deswegen, weil es den Großteil seines Service durch die hohen Werbeerlöse finanziert. Und die gigantischen Datenmengen, die Google durch seine Dienste von den Nutzern erhält, werden dem Internetgiganten zudem helfen, in Zukunft noch effektivere und zielgerichtetere Werbung auszuliefern. Über diesen Umweg ist also auch die IT-Infrastruktur bei Google werbefinanziert.

Viele Kunden schrecken trotz der Kostenersparnis vor Cloud Computing zurück. Niemand kann heute vorhersehen, was mit den großen Internetkonzernen wie Google, Facebook aber auch Apple in den nächsten Jahren passieren wird. Werden neue Gesetze entstehen, die Behörden Einsicht in Daten von Firmen erlauben, falls der Verdacht naheliegt, diese hätten gegen ein Gesetz oder gegen staatliches Interesse verstoßen? Wer liest die E-Mails? Wenn Informationen erst einmal auf externen Systemen liegen, wird man diese so schnell nicht wieder zurückholen können.

Die Cloud ist für alle, die gerade anfangen, digitale Innovationen zu entwickeln, eine gute Möglichkeit erste Erfahrungen zu sammeln, ohne die enormen Kosten für die eigene Infrastruktur zu riskieren. Wenn ein digitales Produkt, etwa ein spezielles Nachschlagewerk, überraschend erfolgreich ist, kann die Cloud helfen, einen großen digitalen Ansturm abzufangen. Wer jedoch schon Erfahrung mit seinen digitalen Produkten oder Dienstleistungen gemacht hat und diese strategisch weiterentwickeln will, sollte sich überlegen, ob er eine Kernkompetenz der digitalen Wirtschaft, die Technologie, nicht besser im eigenen Haus behält. Die Abhängigkeit von Anbietern oder Technologien, die man nicht selbst im Griff hat, kann im Wettbewerb der nächsten Jahre eine entscheidende Rolle spielen.

Mit Cloud Computing schreitet zudem die Entmaterialisierung von Dingen, vor allem der Medien, fort. So wird bald der Download eines Films oder Musiktitels überflüssig werden, da man eine Lizenz dafür erwirbt und die Ausgabeart selbst sekundär wird. Experten erwarten, dass Apple iTunes auf ein Streaming-Modell umstellen wird, so dass man einen Song nicht einmal mehr virtuell in Form von Bits und Bytes auf der Festplatte besitzt, sondern nur noch das Recht, ihn zu konsumieren. Napster, der ehemals größte Downloadservice und Erfinder der kostenlosen Musikkopie im Internet, hat einen solchen Dienst etabliert. Für rund zehn Euro pro Monat kann man auf die gesamte Musikbibliothek zugreifen. Bei dem 2010 vorgestellten Apple TV dreht sich ebenfalls alles nur noch um Streaming: Filme können gar nicht mehr gekauft, sondern nur noch geliehen werden. Sie werden temporär zum Zeitpunkt der Nutzung bereitgestellt und verschwinden, sobald die maximale Verleihdauer von 48 Stunden erreicht ist. Eine TV-Sendung kostet zum Beispiel 99 Cent, nach Ablauf der 48 Stunden muss man erneut zahlen, um den Film anzusehen.

Auch Bücher, Magazine und alle anderen nur denkbaren Medien werden in Zukunft wahrscheinlich auf diese entmaterialisierte Weise vertrieben werden. Das könnte auch die Lösung für das Problem der digitalen Raubkopien sein. Denn wenn etwas verschwindet, sobald es nicht mehr genutzt wird, kann es auch nicht mehr einfach kopiert werden. Das Nutzerkonto beim Anbieter des Mediums wird zum Schlüssel, nicht das Medium selbst.

Diese Entmaterialisierung hat auch Vorteile für den Anwender. Alles Physische inklusive der Daten auf Festplatten kann kaputtgehen. Ist eine CD oder ein Download zerstört, muss man ihn sich im heutigen Geschäftsmodell erneut kaufen. Wer das Buch im Zug liegen lässt, hat es in der Regel unwiederbringlich verloren. Wer jedoch ein Buch in einem digitalen Buchladen der Zukunft kauft, kann es jederzeit auf einen Reader laden und lesen. Wer den Reader verliert, verliert nicht seine Bibliothek, sondern nur eine Nutzungsoption, die ersetzt werden kann. Natürlich ist das Abhandenkommen eines elektronischen Buchlesegerätes ärgerlich und zudem teurer als der Verlust eines Buches; aber anders als beim Buch verliert man nur die Technik, nicht das erworbene Recht, das Buch zu lesen. Viele Versicherungen bieten schon heute Tarife für iPhones an, damit diese im Falle einer Zerstörung oder eines Diebstahls ersetzt werden. Zukünftige Optimierungen von Medien wie Filmen oder Musik, vor allem in Form der Ton- oder Bildqualität, könnten zudem über Updates einfach erworben werden. Außerdem könnten Fehler, die sich bei der Produktion eines Mediums eingeschlichen haben, schnell ausgemerzt werden.

Das Internet der Dinge

Neben dem iPad zeichnen sich weitere digitale Innovationen am Horizont ab, die es im Auge zu behalten gilt, wenn man auf den neuen Märkten in Zukunft mit eigenen Produkten Geld verdienen will. Unter dem Stichwort »das Internet der Dinge« sind wissenschaftliche Einrichtungen und einige Firmen dabei, alltägliche Vorgänge oder Gegenstände mit einer Intelligenz zu versehen, die logistische Abläufe oder die Bereitstellung von Informationen effizienter machen soll.

In manchen IKEA-Märkten kann man heute seine Einkäufe selbst kassieren, indem man den Barcode der Artikel vor den Scanner einer unbesetzten Kasse hält. Die Metro betreibt Zukunfts-Supermärkte, in denen der gesamte Einkaufswagen auf einmal per RFID gescannt wird. Die Kunden müssen im Anschluss nur noch ihre Kundenkarte durch ein Lesegerät ziehen, um zu bezahlen.

Zeitschriften und Werbeanzeigen arbeiten mit grafischen Codes, die man mit einem Mobiltelefon fotografiert, um Informationen zu erhalten oder an einem Gewinnspiel teilzunehmen. Erste Magazine haben spezielle dreidimensionale Ausgaben entwickelt. Hier muss der Leser das gedruckte Magazin vor seine Webcam oder vor sein iPhone mit Kamera halten und bekommt so Zusatzinformationen wie Videos oder Spiele zu sehen. Speziell präparierte Turnschuhe werden auf diese Art zu Gutscheinen für Computerspiele oder anderes, und die Lufthansa erlaubt schon lange ein vollständig papierloses Check-in – mit dem Mobiltelefon.

Eine Zeitung, ein Turnschuh, das Mobiltelefon, Waren, Tickets und vieles mehr können von Computern erfasst werden und dadurch etwas erkennbar werden lassen, das man im wirklichen Leben nicht sieht. Es ist schon heute klar, dass diese Dinge in einem nächsten Schritt miteinander kommunizieren werden: ein Kühlschrank mit den sich darin befindlichen Lebensmitteln, ein Gepäckstück mit dem Flugzeug oder ein Container mit dem Schiff. Sie erzeugen dadurch Informationen, die verwaltet, bewertet und organisiert werden wollen. Objekte werden über das Internet wie Personen vernetzt sein und ihre eigene Kommunikation führen, über Ort, Status, Preis und vieles mehr.

Dabei müssen es in Zukunft gar nicht immer RFID-Tags oder Barcodes sein. Mit Googles System Goggle ist es schon heute möglich, Fotos von Objekten zu machen, um mehr Informationen über sie zu erhalten. Das ist sicherlich eine sinnvolle Erfindung für Touristen, die Sehenswürdigkeiten fotografieren und dann entsprechende Hinweise bekommen wollen. Als Google das System jedoch auf Gesichter ausdehnen wollte, war der Protest so groß, dass man sich entschied, diese Funktion nicht freizugeben. Die Vision dahinter sah damals so aus: Man geht durch die Straßen und hält sein Mobiltelefon in die Luft. Dadurch werden vorbeigehende Menschen erfasst und mit den Profilen auf den verschiedenen sozialen Netzwerken abgeglichen. Alle

Informationen des Webs wären so in Sekunden verfügbar gewesen. Niemand wäre mehr anonym.

Mit der sogenannten Near Field Communication, einer Technologie zur sicheren Kommunikation zwischen sich in der unmittelbaren Nähe befindlichen Objekten, wird es schon in naher Zukunft möglich sein, einfach und sicher Informationen zwischen Geräten auszutauschen. Kreditkarten-Anbieter und IT-Firmen wie Google besprechen schon die Einzelheiten. Dabei übertragen die schon bald in mobilen Telefonen eingebauten Chips die Daten so sicher, dass auch Kreditkarten-Zahlungen möglich werden. Das Internet der Dinge macht ein Telefon zu einer Kreditkarte und damit zu einem der wichtigsten Objekte für Handel und Wirtschaft.

Alles, immer und überall

Aufgrund der bisher genannten Entwicklungen wird das Netz zu einem »Alles-Überall-in-Echtzeit-System«, das live Daten verarbeitet und anbietet. Informationen sind nicht nur zu Hause oder am Arbeitsplatz verfügbar, sondern überall und zu jeder Zeit. Nutzer von mobilen Endgeräten sind miteinander vernetzt und damit ein Teil des Internets. Während das Web bisher vor allem aus einem stationären Computer, einem Netzwerkanschluss, einem Browser und den entsprechenden Angeboten in Form verschiedener Webseiten bestand, entwickelt sich gerade ein äußeres Netz, das aus der Virtualität in die echte Welt hinüberschwappt.

Kinder wachsen heute damit auf, dass ihre Eltern auf Fragen immer eine Antwort wissen. Denn sie können auch unterwegs schnell bei Wikipedia, der Bundeszentrale für politische Bildung oder Google nachsehen. Wie etwas geschrieben wird? Kein Problem, man tippt es in den Suchschlitz ein und bekommt in der Regel den richtig geschriebenen Vorschlag zurück – und zwar in jeder Sprache. Ob Otto von Bismarck Reichskanzler oder Kaiser war? Auch das kann auf dieselbe Weise ermittelt werden.

Wer permanent auf die Informationen seiner Firma zugreifen will, kann das heute kostengünstig tun. Viele

Unternehmen haben schon eine App, die auf die Firmensysteme zugreift. Falls nicht, kann sie relativ einfach geschrieben werden. SAP zum Beispiel stellt bestimmte Informationen des eigenen ERP-Systems über eine iPhone-App zur Verfügung. Die aufwendige Berechnung der Daten übernimmt ein zentrales Rechenzentrum, die Darstellung erledigt die App. Hersteller von Projektmanagement-Software entwickeln Apps, um ihren Kunden jederzeit Zugriff auf die Daten zu gewähren. Dabei nutzen zahlreiche professionelle Anwendungen die sogenannten Push Notifications, einen Nachrichtendienst, der sich meldet, falls etwas Wichtiges passiert.

»Echtzeit« verändert die Art und Weise, wie Menschen arbeiten, grundlegend. Bereits die Einführung der E-Mail hat die Kommunikation in den Unternehmen enorm beschleunigt. Die neue Mobilität, verbunden mit den modernen Austauschmöglichkeiten sozialer Netzwerke, die gerade auch Einzug in Unternehmen halten, verändern die Art und Weise der Kommunikation. Mit den neuen Systemen ist jeder Mitarbeiter in der Lage, unmittelbar auf Neuigkeiten aus den Firmensystemen zu reagieren. Eine App, die aktuelle Vertriebsdaten anzeigt, kann dazu beitragen, ein Produkt rechtzeitig anzuliefern. Eine App, die über den Projektfortschritt und die im Projekt anfallende Kommunikation informiert, hat das Zeug dazu, Schlimmeres zu verhindern, falls Probleme auftauchen und Kunden sich beschweren. Gerade für das Management ist es wichtig, jederzeit informiert zu sein – über Produktionsabläufe, Verkaufszahlen oder die Anzahl der Bewerbungen auf einen neuen wichtigen Job.

Apple hat 2010 eine Firma namens Siri gekauft, ein Start-up, das einen persönlichen virtuellen Assistenten für das iPhone anbietet. Die aktuell nur im amerikanischen App Store verfügbare App verbindet verschiedene Webdienste wie OpenTable, einem Reservierungsdienst für Restaurantbesuche, oder StubHub, der beim Kauf von Eintrittskarten hilft. Der Clou ist, neben der mündlichen Steuerung des Programms, die intelligente Verknüpfung von Informationen wie Terminen, Orten oder Personen. In ein paar Jahren wird sich der persönliche Assistent nicht mehr nur mit Terminen und Telefonaten melden, sondern allabendlich berichten, mit welchen Objekten oder anderen virtuellen Assistenten er am Tag kommuniziert hat, und durch die Verbindung zu sozialen Netzwerken lernen, welche Informationen relevant für seinen Besitzer sind.

Was ist die Appconomy?

Welche Zugkraft Apple mit seinen Innovationen entwickelt, zeigt eine Erfindung der Firma besonders eindrucksvoll: die Apps für die iOS-Geräte. Auch wenn die Entstehung der Appconomy vermutlich ein Zufall war, wurden die kleinen Programme von Apple zu einem neuen Markt geformt, der eine große Veränderung für alle Marktteilnehmer bedeutet. Dabei spielen die im letzten Kapitel erläuterten grundsätzlichen Konzepte zur digitalen Mobilität eine entscheidende Rolle. Denn in den Apps vollzieht sich eine gewinnbringende Verbindung aller dort genannten Möglichkeiten.
Dabei kann man Apps, iPad, iPhone und iPod getrost als Kategoriebegriffe verwenden, denn alle Systeme, die folgen, werden eine ähnliche Struktur haben. Insofern stehen die Apps von Apple für ein neues Konzept von Medien, Kommunikation und IT.
Das folgende Kapitel erklärt, wie die revolutionäre Welt der Appconomy funktioniert, und zeigt, welche neuen digitalen Geschäftsmöglichkeiten sich durch die kleinen Programme ergeben.

Apps sind das neue Web

Chris Anderson schreibt 2010 in dem Artikel »The Web is Dead. Long live the Internet«, Apps besäßen schon jetzt einen so signifikanten Anteil am Internetverkehr, dass die Idee des offenen Webs, basierend auf Webbrowsern und HTML, am Ende sei. Anderson bezieht sich bei seiner Prognose auf Anwendungen wie YouTube und Facebook, aber auch auf Apps, die zum Beispiel auf einem iPhone laufen: als Spiele, Navigationssystem oder To-do-Manager. Apps sind Anwendungsprogramme, die nicht auf den offenen Web-Standards beruhen, sondern eine von außen nicht erkennbare technische Struktur haben.

Durch diese kleinen Applikationen für das iPhone, das iPad oder den iPod hat Apple nicht nur ein Umdenken bei Entwicklern bewirkt, sondern die grundsätzliche Nutzung von Programmen verändert. Während das Web im Prinzip offen ist, sind Apps geschlossen. Während das Web voller Möglichkeiten steckt, bieten Apps jeweils nur eine kleine Auswahl an Funktionen. Die Massen haben sich mit dem Kauf der Apple-Produkte rund um das »i« nicht nur für die schönere Hardware entschieden. Sie wollen auch die Apps und kritisieren damit indirekt die Unübersichtlichkeit des offenen Webs. Doch nicht nur Apps von Apple sind im Kommen – das ganze Prinzip funktioniert, wie man an zahlreichen Nachahmern sehen kann.

Dass die Apps Webseiten komplett ablösen, darf zwar bezweifelt werden – Briefe, Faxgeräte oder Telefone gibt es heute ja auch noch. Aber die kleinen, auf ein Ziel ausgerichteten und einfach zu bedienenden Apps weisen einen Weg aus der Kostenlos-Kultur des Webs und haben eine Revolution losgetreten.

In den vergangenen zwanzig Jahren waren die Medien digitale Abbilder ihrer analogen Vorgänger. Filme, die man früher als VHS-Kassette kaufen bzw. leihen konnte, wurden zu digitalen Videodateien. Die Webseiten der Medienhäuser sind oft nur eine Verlängerung der Printausgabe in die digitale Welt. Denn Artikel bleiben auch im Web Artikel, und Fotos bleiben Fotos. Und auch Bücher haben sich auf dem Amazon-Kindle nicht weiterentwickelt, sondern bestehen weiterhin aus linear zu lesenden Texten.

Erst mit der Einführung der Apps kamen wirklich »Neue Medien« zum Vorschein: kleine, interaktive Programme, die Inhalte, Kommunikation und Interaktion verbinden. Mit der neuen digitalen Kategorie, die das iPad eingeläutet hat, beginnt eine neue Zeitrechnung für Inhalte. Ein Video wird in Zukunft mehr als ein gespeicherter Film sein. Auch Bücher werden sich wandeln, und ein Magazin von morgen hat wahrscheinlich mehr mit der Benutzeroberfläche eines Computerspiels zu tun als mit der heutigen gedruckten Ausgabe. Dabei sind neue Eingabemethoden wie Touchscreens oder Gestenerkennung ebenso von Bedeutung wie die immer stärker werdende Verbindung von Internetdiensten und Geräten aller Art.

Unternehmen haben begonnen, sich etwas Neues für das

iPad zu überlegen. Noch bevor das iPad überhaupt zu kaufen war, konnte man sich erste Benutzeroberflächen, Studien und Apps ansehen, die von den neuen Möglichkeiten des Geräts Gebrauch machten. Sie zeigen: Die Konzepte, mit denen Inhalte transportiert werden, sind der Schlüssel zu neuen Medienerlebnissen und zu neuen Kunden. Wer die neuen Plattformen als reinen Vertriebskanal sieht, verzichtet darauf, seine Produkte ins mobile digitale Zeitalter zu transformieren. Was Mitte der neunziger Jahre die CD-ROM als erstes interaktives Medium angedeutet hat, wird heute in großer Form umgesetzt.

Bei den Apps für das iPad geht es vor allem um den Nutzer, um das Erlebnis und damit um den Inhalt. Das grundsätzliche Geschäftsmodell, also Verkauf und Distribution von Apps, ist etabliert, und bei technologischen Fragen werden Entwickler von Apple unterstützt. Der Kreativität, neue Programme zu entwickeln, sollten also keine Grenzen gesetzt sein.

Filmstudios, Magazine, Onlineportale, Agenturen, Journalisten, Buchverlage, aber auch medienfremde Firmen stürzen sich auf die Entwicklung innovativer Formate. Die Entwicklung von Apps wird bald ebenso verbreitet sein wie die heute allgegenwärtige Erstellung von Webseiten. Jede Firma wird sich überlegen müssen, ob sie eine eigene App anbietet, um ihre Kunden zu erreichen. Apps berühren alle Geschäftsmodelle, egal ob es den Handel mit Waren, die Werbung oder die Vermittlung von Geschäften betrifft.

Die Appconomy basiert unter anderem auf dem Konzept, Plattformen zu etablieren, für die Dritte über standardisierte Schnittstellen Programme, also Apps schreiben. Ein Umstand, den Unternehmen für ihre eigene Wertschöpfungskette nutzen können. Indem man als Betreiber einer solchen Plattform einen zentralen Marktplatz schafft, den man kontrolliert, partizipiert man an den Erlösen aus dem Verkauf der Programme. Mit seinem App Store macht Apple vor, wie das geht. Dabei unterstützt der Betreiber der Plattform die Entwickler und hilft ihnen, gute und relevante Produkte zu erstellen. Mit einem prozentualen Anteil an den Erlösen kann er wie im Fall von Apple eine Menge Geld verdienen. Dabei muss man unter Umständen am Anfang selbst Apps entwickeln, um dem Markt zu signalisieren, welches Potential in der Plattform steckt.

Wer zum Beispiel Loseblattwerke für Juristen verkauft, kann diese in einer zentralen Datenbank ablegen und den Zugriff auf die Informationen über Apps von Dritten ermöglichen. Diese entwickeln spezifische Programme für die unterschiedlichen Fakultäten der Juristerei und verbessern damit das Angebot des Verlags, etwa mit speziellen Suchfunktionen und Verknüpfungen zu anderen Texten. Die Apps würden über eine zentrale Plattform verkauft oder abonniert; somit hätte der Verlag die Kontrolle über die Erlöse, die man sich mit den Entwicklern teilt.

Die britische Tageszeitung *Guardian* stellt viele ihrer Artikel und Services über eine moderne Schnittstelle bereit. Hier können Entwickler in geringem Umfang kostenlos, bei kommerzieller Nutzung jedoch kostenpflichtig eigene Apps bauen, um Leser mit Informationen, Nachrichten, Videos zu versorgen.

Nach dem Modell der Apps werden in Zukunft nicht nur die direkten Wettbewerber von Apple neue Ideen für die eigenen Wertschöpfungsketten entwickeln. Auch in anderen Bereichen der Wirtschaft wird über die neuen, kleinen Programme und deren Potential nachgedacht werden.

Appvertising

Niemand wird es gerne zugeben, aber schon jetzt befindet sich die werbetreibende Industrie in einer strategischen Krise. Nach dem Gießkannen-Prinzip in Massenmedien zu werben ist heute bei weitem nicht mehr so effektiv wie noch vor zwanzig Jahren. Es gibt zwar Unternehmen mit starken Marken, die ihre Kunden auch heute noch auf diesem Weg erreichen, aber sie werden schon bald Probleme mit der Reichweite und Effizienz bekommen.

Spielfilme oder Serien auf Fernsehsendern waren einmal ein Garant für Aufmerksamkeit und erwirtschafteten enorme Summen für die Sender und Agenturen. Produkte wie T-Entertain von der Deutschen Telekom erlauben heute jedoch das Anhalten, Aufnehmen und auch Vor- und Zurückspulen des Fernsehbildes. Die Werbespots können so leicht umgangen werden. Dazu kommt, dass Filme heutzutage durch digitale Videotheken jederzeit bequem ohne Werbung konsumiert werden können.

Die immer schneller wachsenden sozialen Online-Netzwerke wie Facebook verschieben die Mediennutzung mehr und mehr in Richtung Internet. Dadurch verändert sich zunehmend die Art und Weise, wie Werbung konsumiert und ausgespielt wird. Zudem schwindet die Akzeptanz der

Konsumenten, im Fernsehen und anderen klassischen Medien ständig durch Werbung unterbrochen zu werden. Das Internet zieht die Aufmerksamkeit der Verbraucher aus den klassischen Medien ab und bietet neue Möglichkeiten: Einerseits können neue interaktive Werbeformate Konsumenten zum Mitmachen animieren und sie so stärker einbeziehen. Andererseits können Zielgruppen, gerade durch die Sammlung von Daten durch die Netzwerke, sehr gezielt und effizient angesprochen werden, was den Werbeerfolg enorm erhöht.

Aber auch im Internet funktionieren nicht alle Werbeformate. Während Googles Textanzeigen ein effizientes Vertriebsinstrument darstellen, schaffen es die Banner heute kaum, Menschen von Produkten zu begeistern. Wenn auch aus alter Gewohnheit Milliarden für das sogenannte Branding ausgegeben werden, werden die Erfolgsquoten immer kleiner. Klickraten von 0,25 bis 2 Prozent sind übliche Erfolgsindikatoren für eine gutgemachte Bannerkampagne. Wer wundert sich hier noch über die gesunkenen Werbeeinnahmen im Netz? Herkömmliche Werbung wirkt anscheinend nicht, und das konnte durch das Internet erstmals auch bewiesen werden. Es ist die Crux am Netz, dass man alles messen kann – auch den Misserfolg.

Die Industrie arbeitet mit Hochdruck an neuen Werbemodellen. Mit dem sogenannten Targeting etwa, also der zielgruppengenauen Ansprache von Nutzern, will man den Vorteil des interaktiven Mediums für die Vermittlung von Werbebotschaften nutzen, um so die Effektivität von Werbebannern zu optimieren. Das funktioniert, indem man die Vorlieben und Wünsche der Nutzer digital erfasst und entsprechende Werbung liefert. Internetfirmen wie Facebook kennen Alter, Wohnort und viele andere persönlichen Daten der Nutzer und bieten sie Werbekunden an, selbst wenn es ihnen viel Kritik einbringt. Auch Google sammelt Informationen seiner Nutzer und profitiert davon durch zielgenaue Auslieferung von Werbung. So ist es kein Wunder, dass die Rufe nach stärkerer Regulierung und verbessertem Schutz privater Daten lauter werden. Denn oft erfahren die Nutzer von Google, Facebook, aber auch von Apple nicht, was mit ihren Daten passiert. Häufig ist ihnen nicht klar, dass sie kostenlose Angebote mit Informationen über sich selbst bezahlen – und so am Ende doch einen Preis entrichten. Auf lange Sicht wird sich der Werbemarkt dem Anbieter zuwenden, der die effizienteste Ausspielung von Werbeformaten anbietet, und dazu brauchen Firmen wie Facebook oder Google personenbezogene Informationen.

Mit dem iPhone und dem iPad ist eine neue Kategorie der Werbung entstanden, die mobil ausgespielt wird und sowohl auf Internetseiten als auch in den Apps platziert werden kann. Da der Nutzer und seine Gewohnheiten – auch aufgrund der sozialen Netzwerke – noch präziser zu ermitteln sind, versprechen sich die Werbekunden in diesem Bereich besonders effiziente Kampagnen.

Ein Beispiel ist Apple mit seiner neuen Werbeplattform iAd. Es peilt dabei nicht nur neue Zielgruppen an, sondern erzeugt auch neue Werbeformen, die sogar die Wirkung von TV-Spots überflügeln sollen. Entwickler können in ihren Apps Fenster freischalten, die dann mit von Apple akquirierter Werbung bestückt werden. Apple stellt den Programmierern die technische Infrastruktur zur Verfügung. Darüber hinaus unterstützt es die Agenturen bei der Erstellung von iAd-Anzeigenformaten und regelt die Abrechnung. Vierzig Prozent der Einnahmen bleiben bei Apple, sechzig Prozent bekommen die Entwickler, die den Werbeplatz in ihrer App anbieten. Wer als Werbekunde dabei sein möchte, muss aktuell mindestens eine Million Dollar ausgeben. Erste Untersuchungen deuten bereits an, wie erfolgreich dieses Format für Werbekunden und Entwickler sein kann. Während klassische Banner relativ selten von Nutzern angeklickt werden, sind die neuen »interaktiven Werbespots« beliebter. Außerdem bietet Apple mit diesem Konzept gerade den kleineren Entwicklern eine weitere Erlösquelle an.

Mit dem iPad und ähnlichen Produkten ändert sich die Werbung, da jeder Werbetreibende eine App für seine Kommunikation entwickeln kann. Die Kosten für eine außergewöhnliche App sind vergleichbar mit denen, die bei der Kreation von Werbespots anfallen. Doch das Format der kleinen Programme bietet weitaus mehr Möglichkeiten: Autorennspiele von Automobilherstellern, Info-Apps für Eltern von Windelproduzenten oder Unterhaltungsspiele von Lebensmittelfirmen. Eine App kann alles sein und dabei den Kontext des Nutzers berücksichtigen. Ist dieser beispielsweise gerade in einer Innenstadt unterwegs, kann man die Werbeapplikation ortsbezogene Informationen übermitteln lassen: den nächsten Händler der eigenen Produkte zum Beispiel.

Mercedes, BMW, Audi und andere Unternehmen haben eigene Apps programmiert und kostenlos zum Download im App Store bereitgestellt, wodurch die Marken spielerisch erfahrbar geworden sind. In Zeiten, in denen die allgemeine Aversion gegen klassische Werbeunterbrechungen zunimmt, braucht es Werbekonzepte, die den Konsumenten etwas Besonderes anbieten. Durch die Vielzahl der Medienangebote wird der Wettbewerb um die Aufmerksamkeit der Nutzer immer schärfer. Um überhaupt wahrgenommen zu werden, bedarf es kleiner und fokussierter Werbeprodukte – Apps bieten die Chance, den Verbraucher in die eigene Werbewelt zu entführen, zu einem Zeitpunkt, den er selbst bestimmt.

Während kreative Werbung in der Vergangenheit den Konsumenten in dreißig Sekunden überzeugen musste, können heute einige Minuten bis Stunden an Aufmerksamkeit auf die eigenen Produkte und Marken gelenkt werden. Mit spielerischer Markenkommunikation. Dabei wachsen verschiedene Aspekte der digitalen Medien (bewegte Bilder, Interaktivität, Textinformationen) mit den technischen Möglichkeiten der neuen, mobilen Geräte wie den Smartphones zusammen. Firmen brauchen durch das iPad oder iPhone neue Werbeideen, denn wie zu Beginn der Fernseh-Ära ist der Kampf um die besten Sendeplätze aufs Neue entbrannt.

Zum Beispiel beim E-Commerce: Anders als der stationäre Handel ist der E-Commerce bis heute in weiten Teilen kein besonderes Erlebnis für den Kunden, auch wenn Händler Millionen in ihre Plattformen investieren. Das kann sich durch die Apps ändern. Wo Kunden durch unvollkommene Technik in der Regel langweilige »Bestellmaschinen« bedienen, kann eine App den Kunden emotional einfangen und zum richtigen Plasmadisplay oder zu den richtigen Schuhen führen. Ein großer Web-Shop mit Hunderten von Warengruppen kann in Zukunft auf mehrere kleine Apps verteilt werden. Wer sich für eine Warengruppe interessiert, lädt sich die passende App und kann ungestört von anderen Angeboten darin stöbern. Dabei sind Videos nicht das Ende der Kreativität, sondern erst der Anfang. Neben den bewegten Bildern kann zum Beispiel der Facebook-Freund live hinzugeschaltet werden, um ein Produkt zu bewerten oder darüber in einem Chat zu diskutieren.

Eine »Augmented Reality« genannte Technik macht die Anprobe zu Hause oder das Einpassen eines Möbelstückes in das eigene Wohnzimmer in naher Zukunft massentauglich. Denn mit der auch als »Erweiterte Realität« bezeichneten Technologie werden in ein Live-Videobild zusätzliche computergenerierte Informationen eingeblendet. Bekanntestes Beispiel sind die Entfernungsangaben bei Fußballspielen zwischen Tor und Freistoß-Punkt. Wenn man ein neues Möbelstück für sein Wohnzimmer sucht, kann man das Wohnzimmer durch die Kamera seines iPhones betrachten, und die Logik der App montiert das gewählte Sofa in das Bild. Die App zeigt etwas, das gar nicht da ist.

Ein Werbekunde aus der Modebranche kann in Zukunft Werbung platzieren, die gar keine mehr ist: Über Facebook wird die App des Herstellers zum Beispiel »wissen«, ob dem Konsumenten eine Modemarke von einem Freund empfohlen wurde. Hält sich die Person dann zufällig in der Nähe eines entsprechenden Ladens auf, kann diese Empfehlung wie eine SMS auf dem Display des Mobiltelefons eingeblendet werden. Wohlgemerkt nicht als direkte Werbung, sondern als freiwillig von einem Freund der Person abgegebene Empfehlung. Der Impuls, Geld auszugeben, hatte schon immer mit dem Kontext und dem aktuellen Aufenthaltsort des Konsumenten zu tun. Der Erfolg der Quengelzone vor den Kassen der Supermärkte, in denen es kleine

Portionen Schokolade und andere für Kinder attraktive Produkte gibt, beruht genau auf diesem Prinzip. Bald quengelt die App.

Markenkommunikation oder Werbung kann in der Appconomy auch zu einem Computerspiel werden: Mercedes-Benz hat es mit seiner SLS-App vorgemacht. Die Kernidee des Werbespots, eine Tunnelfahrt mit 360-Grad-Drehung, wurde als iPhone-Spiel lanciert.

Trotz der veränderten Rahmenbedingungen gilt auch in der Appconomy: Wie eine Geschichte erzählt wird, wie die Grafik aussieht, wie sich die Interaktion anfühlt, der Witz, die besondere Idee, bilden weiterhin das Zentrum der Werbung. Die (Leit-)Idee für ein unterhaltendes, spannendes Spiel oder eine Geschichte bleibt die wichtigste Zutat für eine erfolgreiche Kommunikation. Denn bei austauschbaren Produkten wie Tütensuppen oder Waschmitteln sind meist nicht die Fabrikate selbst von Interesse, sondern eine besonders gut positionierte, unterhaltsame oder emotionale Werbung.

Je beliebiger das eigene Produkt, desto wichtiger die Werbung. Man könnte auch sagen, das Produkt wird zur Nebensache und die Kommunikation selbst wird zum Produkt. Und weil die Aufmerksamkeit der Menschen heute noch viel schwerer zu bekommen ist als früher, vor allem für eher uninteressante Alltagsprodukte, sind Werbeagenturen, anders als es Jeff Jarvis behauptet, nötiger denn je. Vielleicht nicht allein die klassischen, aber neue Agenturen, mit Personal, das sich in der digitalen Welt auskennt und über die strategischen Kompetenzen verfügt, Marken zu entwickeln.

Marken-Apps

Man wird Marken in Zukunft digital aufbauen. Die heute gängigen Marken sind in der Regel nicht auf digitalem Wege bekannt gemacht worden, sondern über die klassischen Kanäle TV, Print etc. Und bis jetzt investieren die Unternehmen nur einen geringen Teil ihrer Ausgaben digital. Der Grund dafür liegt in der traditionellen Betrachtung von Werbung. Weil die Intensität und Wirkung von Werbung bis heute wissenschaftlich nicht gemessen werden kann, vertrauen die Konzerne lieber weiterhin auf Reichweite und Kontakte, also auf klassische Kommunikationsformen.

Während die bisherigen Werbeformate aber an ihre Grenzen stoßen, erschließen sich ungeahnte Möglichkeiten im Appvertising: Wer sich aktiv mit einer Marke beschäftigt, indem er sich zum Beispiel eine App des Unternehmens lädt, hat mehr Verlangen, die Produkte der Firma auch zu kaufen, als derjenige, der beim Surfen oder Fernsehen immer wieder unterbrochen wird und die Werbepause in einem Spielfilm nutzt, um schnell etwas zu essen oder aufs Klo zu gehen.

Die App kann als zentrales Mittel fungieren, um alle kommunikativen Maßnahmen zu bündeln. So können alle übrigen Werbeformen auf die App verweisen: Ein Spot im Fernsehen, Plakate, Anzeigen oder Radiowerbung aktivieren die Konsumenten, die App zu installieren. Die Marken-App nimmt die Kontakte auf und verstetigt sie. Sie ist Gewinnspiel, Markenbotschafter, Erlebnis und Medium in einem.

Dabei werden die Marken-Apps der Zukunft nicht nur davon zu berichten wissen, dass ein Waschmittel die Kleidung besser reinigt oder eine Tütensuppe besonders lecker schmeckt. Die Marken werden selbst zu einem Medium, über das sie ihre Botschaften transportieren, das heißt zu Apps, deren Inhalte so spannend oder informativ sind, dass sie von den Konsumenten freiwillig immer wieder genutzt werden. Auch wenn die Investitionen nicht sofort zu höheren Verkaufszahlen führen müssen, werden sie sich langfristig bezahlt machen. Dabei sind neue Formate zu erfinden, die zwischen Unterhaltung, journalistischer Qualität und Markenkommunikation liegen. Lediglich einen TV-Spot oder ein Gewinnspiel in die eigene App zu integrieren, das wird nicht ausreichen.

Einige Marken haben heute schon Plattformen im Netz, auf denen sie ihren Fans Angebote machen und die sie so stärker an sich binden. So betreibt Milka seit Jahren eine Community, in der Nutzer Spiele spielen, Punkte sammeln und Gewinne erhalten können – im Tausch gegen ihre Aufmerksamkeit. Solche Aktivitäten hatten früher nichts mit klassischem Marketing zu tun. Eine Community zu betreiben, sich Inhalte auszudenken oder zusammenzustellen sind typische Aufgaben von Medienhäusern. Die Markenunternehmen werden mehr kreative Medienkompetenz aufbauen müssen, um auch in Zukunft erfolgreich zu sein. Denn auf Plattformen wie dem iPad oder iPhone müssen die medialen Angebote von Marken mit allen anderen Medien konkurrieren, um sich einen Platz in den Top-Rankings zu sichern.

Da kein Markenartikler bei der vorherrschenden Veränderungsgeschwindigkeit alle Werbekanäle gleich gut und intensiv bedienen kann, müssen die teuer erkauften Kontakte möglichst schnell zu loyalen, digitalen Wiederkehrern gemacht werden: Und das schafft man am besten mit einer App, die der Konsument auf seinem Telefon immer bei sich trägt.

Wie kann so ein Markenmedium aussehen? Zunächst muss man es wie jedes andere Medium von einem einzigartigen Inhalt her entwickeln. Nutzer interessieren sich nicht sehr lange für ein iPod-Gewinnspiel, aber durchaus für Insider-Informationen über iPods. Diese Inhalte müssen regelmäßig hergestellt werden. Und es reicht keinesfalls aus, nur auf von Nutzern generierte Inhalte zu setzen. Die Kerninformationen müssen das Ergebnis einer professionellen Arbeit sein, keine PR und schon gar keine Werbung, denn sie müssen einen sachlichen Mehrwert für die Konsumenten beinhalten.

Das Markenmedium kann dabei die eigentliche Markenbotschaft verlassen und in angrenzenden Gebieten Angebote machen. So muss die Marke Milka nicht unbedingt über die Alpen oder Kühe berichten. McDonald's muss sich nicht auf Hamburger oder Ernährung beschränken und VW nicht auf Motoren. BMW könnte zum Beispiel das »Kurvenmagazin« als App kreieren, für das sich auch Motorradfahrer und Besitzer anderer Automarken interessieren dürften. Die Kurve als Erlebnis der Fortbewegung würde automatisch zu Reisezielen führen, zu Tipps und Tricks rundherum. Es könnte auch Spiele für das iPhone geben, die sich nur der Kurve widmen.

Unternehmen, die nachhaltig in digitale Werbung investieren und sich deren neue Möglichkeiten zunutze machen, werden der Werbekrise trotzen. Als interaktives und emotionales Kommunikationsmittel wird die App zum ständigen Begleiter der Konsumenten und erreicht so eine ganz andere Werbequalität als klassische Kampagnen.

App-Gaming

Kleine Spiele für zwischendurch haben die Wohnzimmer erobert, seit es die Videospiel-Konsole Wii von Nintendo gibt. Der Erfolg der sogenannten Casual Games, die auf Plattformen wie der Wii laufen, basiert auf einer zum Zeitpunkt der Einführung radikalen Neuorientierung: Anstatt wie alle anderen Hersteller immer bessere grafische Leistungen und aktionsgeladenere Spiele zu entwickeln, hat sich Nintendo mit der Wii auf den großen Rest der Menschen konzentriert, die bis dahin kaum an einer Konsole gesessen haben. So gelang es, neue Zielgruppen zu erreichen. Auch auf dem iPhone bilden die Spiele nach den Büchern die Kategorie mit den meisten Angeboten.

Das Computerspiel ist längst eines der erfolgreichsten Medien überhaupt. Keine andere Branche ist kreativer und versteht Plattformen besser zu nutzen als die Games-Industrie. Wie die Wii haben auch iPhone und iPad im Spielebereich zu ganz neuen kreativen Konzepten geführt.

Jeder kann von der Computerspielbranche lernen, wie man Plattformen einsetzt und damit Geld verdient. Ideen wie das Abonnementspiel *World of Warcraft* oder das Facebook-Spiel *Farmville* sind wegweisend, wenn es um neue, digitale Geschäftsmodelle geht. Die Produktionskosten für ein gutes Spiel sind oft im zweistelligen Millionenbereich angesiedelt. *Star Wars: The Old Republic* oder *Starcraft 2* werden wie Kinofilme hergestellt. Die Produktionen sind deswegen so aufwendig, weil der Anspruch der Nutzer an die Geschichte, die Grafik und den Mehrspieler-Modus enorm hoch sind. Wer Freunde hat, die regelmäßig *World of Warcraft* spielen, weiß, wie faszinierend, aber auch zeitraubend Computerspiele sein können. Hier zeigt sich einmal mehr, dass der Medienkonsum sich immer mehr in Richtung digitaler Medien verschiebt, was die führende Stellung der traditionellen Massenmedien untergräbt.

Während man mit dem iPad und Facebook auf dem Sofa dem *Tatort* am Sonntagabend zumindest noch grob folgen kann, fordert eine Online-Schlacht in einem Spiel wie *Starcraft 2* die volle Aufmerksamkeit und zieht sie somit vom TV ab. Firmen wie Adidas oder Nike haben das schon lange erkannt und werben in den erfolgreichen Sportspielen von EA Sports, wie *Fifa* oder *Tiger Woods*, für ihre Produkte.

Mit Spielen kann man also seine Kunden erreichen und seine Botschaften kommunizieren. Spiele werden, gerade in ihrer einfachen Form, von vielen Menschen genutzt, um sich die Zeit zu vertreiben. Und kaum ein Medium ist stärker mit der heutigen Jugend verknüpft.

Dabei hat mit den Spiele-Apps auf den iOS-Geräten von Apple auch im Game-Bereich eine neue Ära begonnen. Kleine, kreative Spiele, die von ein oder zwei Personen entwickelt werden, haben das Zeug, im App Store zu echten Blockbustern zu werden. Befreit von technischen Restriktionen und eingebunden in die Wertschöpfungskette von Apple, schaffen es Kreative aus allen Bereichen, innovative Spielformate zu entwickeln.

So haben zum Beispiel zwei Brüder eine App namens *Kopfnuss* gebaut, die zwischen Bildungsmedium und Spiel angesiedelt ist. Mit Hilfe der *Kopfnuss* kann man seine Fähigkeiten im Kopfrechnen trainieren. Angespornt von zahlreichen Gehirntrainern, die im App Store erfolgreich sind, haben der Softwareentwickler und der Screendesigner ihre Idee in vergleichsweise kurzer Zeit realisiert. Ihr Glück: Sie mussten sich nicht um den Verkauf und die Abrechnung kümmern, sondern haben ihr gesamtes Potential in die Entwicklung der App gesteckt. Einmal freigegeben, wurde der Rechentrainer zum Hit. Die gute Gestaltung und das spielerische Konzept haben weltweit schon über 50 000 Menschen überzeugt, 79 Cent dafür auszugeben.

Die Spiele-Apps nutzen mehr und mehr die Möglichkeiten der neuen Kommunikationsgeräte aus: Videokamera, Standortbestimmung des Spielers, Sensoren zur Erfassung von Bewegungen und vieles mehr. *Fastfoot* ist eine Schnitzeljagd, bei der bis zu fünfzehn Spieler mitmachen und verschiedene Aufgaben lösen können. Eine kann sein, an einem bestimmten Ort einen virtuellen Gegenstand einzusammeln, der in das Videokamerabild eingeblendet ist und den man nur sehen kann, wenn man vorher andere Aufgaben gelöst hat. Dabei rennen die Spieler kreuz und quer durch die Realität einer Stadt – das iPhone ist hier das Fenster zu einer neuartigen, virtuellen Welt.

Mit dem Gamecenter hat Apple die Infrastruktur für Spiele-Anbieter verbessert. Spieler können ihre Highscores und andere Informationen an dieser zentralen Stelle kommunizieren und so mit anderen Spielern verbunden bleiben. Das Gamecenter ist keine Erfindung von Apple, der PlayStation von Sony oder der Xbox von Microsoft liegen ähnliche Konzepte zugrunde. Doch als Anbieter der größten mobilen Spielplattform, war es für Apple ein logischer Schritt, ein bewährtes Modell zu adaptieren und nachzuziehen.

Eigene Apps entwickeln

Der Nutzen von Apples Plattformen ist für die meisten Firmen enorm hoch. Wer einen neuen digitalen Markt schaffen will, kommt am App Store nicht vorbei, denn hier tummeln sich die attraktivsten Zielgruppen: mit hohem Bildungsstand, einem attraktiven Einkommen, einer großen Affinität zur digitalen Technik und vor allem mit dem Bedürfnis ausgestattet, über die erworbenen Produkte zu reden. Wer plant, in den nächsten Jahren ein großes Geschäft im digitalen Bereich zu machen, sollte diese Menschen als Kunden und als Multiplikatoren gewinnen.

Seit der Einführung des App Stores teilt Apple seine treuen Fans mit Entwicklern aus aller Welt. Die meisten Kunden denken, wenn Programme über Apple verkauft werden, dann müssen sie gut sein. Und schon wird Geld ausgegeben. Es wird zwar oft kritisiert, dass Apple die Programme zu stark kontrolliert, die im App Store verkauft werden. Doch die Tatsache, dass eine App freigegeben wird, bedeutet immerhin: Für Apple ist sie so gut, dass sie Teil des exklusiven App Stores sein darf. Es geht für die Anbieter deshalb nicht um die technologische Frage, welche mobile Plattform für die eigenen Anwendungen die beste ist oder ob Googles Android beispielsweise in Zukunft mehr Nutzer haben wird, sondern um die einmalige Chance, ein wenig von dem Glanz Apples abzubekommen.

Immer mehr Firmen stellen sich die Frage, mit wie viel technischem Aufwand sie Apps für die verschiedenen Plattformen wie Apples iOS oder Googles Android entwickeln sollen. Viele versuchen mit alten Methoden neue Lösungen zu realisieren. Nach dem Prinzip »write once – run anywhere« ist schon vor vielen Jahren die Programmiersprache Java mit dem Ziel angetreten, die heterogenen IT-Strukturen effizient zu bedienen. Die Idee: Man schreibt ein Programm in einer Sprache, die so universell ist, dass die Software am Ende auf jeder Plattform läuft, ohne dass man bei der Programmierung auf die besonderen Anforderungen der unterschiedlichen Plattformen eingehen muss. Das Ganze funktioniert jedoch weniger gut, als man angenommen hat. Zwar ist Java zu einer Art Lingua franca der professionellen Webentwicklung geworden, doch der automatische Transfer auf alle Plattformen gelingt nicht. Ebenso wenig wie man mit den offenen Internetstandards HTML oder CSS alle Webbrowser mit ein und denselben Codezeilen dazu bringen kann, Inhalte auf die gleiche Weise anzuzeigen. Wer sich mit den Unterschieden zwischen einem Internet Explorer 6 und dem neuesten Firefox auskennt, weiß, wie kompliziert es sein kann, einer einigermaßen interaktiven Webseite auf verschiedenen Browsern und Betriebssystemen das gleiche Aussehen zu geben.

Mit der Appconomy beginnt alles wieder von vorn. Die Protagonisten der offenen Systeme vertreten (wieder) die Ansicht, man brauche nur eine Technologie, um auf allen Systemen erfolgreich zu sein. Diese heißen zum Beispiel HTML5 und CSS3.

Wer auf einer Plattform wie dem iPad mit seinem Spiel, seiner Marken-App oder seiner Zeitung Nutzer erreichen will, muss sich im Klaren darüber sein, dass die beste Basistechnik bereits vorhanden ist und Apple dafür sorgen wird, dass sie eingesetzt wird. Denn Apples Kontrolle über die gesamte Wertschöpfungskette macht auch vor der Technologie nicht halt. Der Nachteil, der sich dadurch ergibt, dass man für eine andere Plattform wie etwa Google Android Teile der bereits entwickelten App neu erstellen muss, wird durch die Perfektion ausgeglichen, mit der eine App – auf Basis der von Apple empfohlenen Technologien – am Ende beim Nutzer läuft.

Es wird auf ein duales Entwicklungsmodell hinauslaufen, in dem HTML5 und CSS3 eine große Rolle für bestimmte Inhaltsbereiche innerhalb einer App spielen. Aber zu glauben, die verwöhnte Zielgruppe des App Stores allein mit diesen noch in den Kinderschuhen steckenden Technologien zufriedenstellen zu können und so um die Entwicklung einer App speziell für die iOS-Geräte von Apple herumzukommen, wird nicht funktionieren. Es wird immer einen Anbieter wie Flipboard geben, der mit optimal auf die Endgeräte von Apple abgestimmten Programmen zu punkten versucht und damit Funktionen realisiert, die allein mit HTML5 und CSS3 nicht erreichbar sind.

Um die entwickelte App zu Geld zu machen, gibt es mehrere Möglichkeiten.

Zunächst ist der Verkauf der App über Apples App Store der wichtigste Weg. Man stellt seine fertige Anwendung ein, wählt selbst einen Preis aus den von Apple vorgegebenen Preisstufen, wartet auf die Freigabe durch Apple und kann dann loslegen. Der Verkauf von Apps wird in einem speziellen System dokumentiert, so dass ein Entwickler jederzeit sehen kann, welche Umsätze bisher gemacht wurden.

Will man im Rahmen der App regelmäßige Einnahmen erzielen, nutzt man das sogenannte In-App-Purchase. Damit können Käufer der App kostenpflichtige Erweiterungen für das Programm erwerben, etwa in Form weiterer Spiele-Levels oder weiterer Ausgaben einer Zeitung (im Einzelverkauf).

Ein anderes Geschäftsmodell ist das des Abonnements. Diese Möglichkeit befindet sich jedoch gerade im Umbruch, da Apple auch an diesen Umsätzen partizipieren will. Man geht davon aus, dass es hier Anfang 2011 neue Angebote von Apple geben wird. Die aktuellen Verhandlungen zwischen Vertretern großer Medienhäuser und Apple sind noch nicht abgeschlossen. Sicher ist, die Verlage werden die Kundenbeziehung nicht aufgeben wollen, schon gar nicht die zu ihren Abonnenten.

Wer eine App für sein eigenes Unternehmen produziert, kann den App Store darüber hinaus auch umgehen und die Anwendung mit speziellen Tools auf die entsprechenden Geräte der Mitarbeiter direkt distribuieren.

Wie sieht die Zukunft aus?

Ein Kapitel, das sich der Zukunft widmet, ist gewagt. Zu viele Faktoren scheinen in der schnelllebigen Internetbranche eine Rolle zu spielen. Dennoch können Gedanken über mögliche Entwicklungen nicht schaden, wenn man auf der Suche nach potentiellen digitalen Geschäftsfeldern ist.
Wie wird Apple sich in den nächsten Jahren verändern? Kann die Firma aus Cupertino tatsächlich zur wertvollsten Firma der Welt werden, wie einige Börsenfachleute heute glauben? Und wie sind die Aussichten von Google, Facebook sowie Microsoft, die mit Apple schon jetzt in einem immer härter werdenden Wettbewerb um dieselben Kunden streiten? Auf den folgenden Seiten erwartet den Leser ein Einblick in die Märkte der Zukunft, der ihn dabei unterstützt, die eigenen digitalen Innovationen zu planen.

Apple

Apple zählt heute zu den innovativsten Firmen der Welt. Mit einem umfassenden Angebot an Hard- und Software ist das Unternehmen so gut aufgestellt, dass es gelassen in die Zukunft blicken kann. Im Bereich des klassischen Hard- und Softwaregeschäftes bescheinigen Fachkreise Apple längst, die besten Systeme anzubieten. Das robuste Betriebssystem Mac OS X hat, seitdem die Hardware auch Windows »abspielt«, technisch die Wettbewerber längst hinter sich gelassen. Die Laptops von Apple sind äußerst beliebt, und die zahllosen Programme, die Apple selbst entwickelt, bescheren der Firma sowohl im Einsteiger- als auch im Profibereich hohe Einnahmen.

Neben dem klassischen Geschäft punktet Apple vor allem durch die Reihe der mobilen Geräte. iPod, iPhone und iPad bilden eine neue Generation von Computern: mobile Systeme, die für Unterhaltung, Kommunikation und die ständige Bereitstellung des Internets stehen. Diese Geräte werden für den Löwenanteil zukünftiger Umsätze und Gewinne sorgen. Daher wird Apple diesen Bereich auch dynamisch weiterentwickeln. Es geht um das Betriebssystem der Zukunft, um den Zugang zu Medien und Informationen und um die Frage, welches Prinzip sich durchsetzen wird: die geschlossene Welt von Apple oder die offene von Google.

Mit dem iPad erreicht Apple jene Menschen, die es leid sind, die kompliziert gewordenen Betriebssysteme zu bedienen, nur um eine E-Mail zu schreiben oder einen Text zu verfassen. Weil das iPad die Möglichkeiten des Internets für alle erschließt, wird es dazu beitragen, dass immer mehr Menschen an der digitalen Revolution partizipieren, weil sie dafür keine komplizierten Geräte mehr bedienen müssen. Das iPad kann die neue Schiefertafel in Schulen, das neue elektronische Buch oder der Notenhalter auf dem Klavier werden. Nahezu alle Aspekte des digitalen Lebens lassen sich mit diesem Gerät abbilden.

Seitdem das iPhone auf dem Markt ist, sind Hunderttausende Anwendungen dafür entstanden. Mit dem iPad gibt es nun eine Plattform, auf der noch mehr möglich ist: Denn die Größe des berührungsempfindlichen Bildschirms, die Portabilität, die lange Akkulaufzeit und die Sensoren machen es zu einer ganz neuen Geräte-Kategorie. Das iPad hat einen neuen Markt für Software-Produkte geschaffen, und davon profitieren Herstellerfirmen professioneller Software-Programme genauso wie die Spiele-Industrie oder freie Entwickler. Es spricht zudem immer mehr für die Nutzung des iPads an Arbeitsplätzen. Die Apps, die mit den Firmensystemen kommunizieren, sind bereits in der Entwicklung oder fertig.

Der Erfolg der iPhone-Apps beinhaltet eine wichtige Botschaft, vor allem für diejenigen, die nach einem digitalen Geschäftsmodell suchen: Private Kunden geben wieder Geld für Software aus, Geld, das sie vorher für sich behielten, weil Programme einfach untereinander getauscht wurden. Heute ist es dagegen einfacher, für 2,39 Euro eine

App zu kaufen, als ein Programm zu kopieren. Immer mehr Menschen wollen die Programme außerdem wieder selbst besitzen. Hier gibt es Milliarden zu holen, wenn man sich auf das neue Medium iPad, iPhone oder iPod einlässt und seine Produkte dafür optimiert.

Marke

Mit einer der stärksten Marken überhaupt verfügt Apple über die Grundlage, in den nächsten Jahren auf Erfolgskurs zu bleiben. Seit über zehn Jahren arbeitet die Firma daran, Apple zu einer modernen Lifestyle-Marke zu machen, die innovative und schön gestaltete Produkte herstellt. Im Gegensatz zu den anderen großen Internet- oder Technikfirmen wie Google, Facebook oder Microsoft hat die Marke Apple nicht nur eine große Reichweite und jede Menge Erfahrung, sondern bietet emotionalisierte Produkte für begeisterte Kunden an. Analysten glauben deshalb, dass Apple schon bald die wertvollste Firma der Welt werden wird. Die Vorzeichen stehen gut: Fast alle Produktstarts der letzten Jahre waren ein Erfolg, und iOS gilt heute als eines der Standard-Betriebssysteme für mobile Systeme. Insgesamt hat Apple also die besten Voraussetzungen, um auch in Zukunft eine begehrenswerte Lifestyle-Marke zu bleiben.

Auf jedem Bildschirm

Apple kann mit dem etablierten Betriebssystem iOS, den aufstrebenden Apps und seinen vielen Vertriebskanälen noch viel mehr erreichen als bisher. Es kann sich zum Beispiel zum Ziel setzen, sein erfolgreiches Konzept auf alle Bildschirme auszuweiten: Warum sollen die Verkaufsautomaten der Bahn in Zukunft nicht durch die bekannte Benutzerschnittstelle des iPads gesteuert werden? Es würde die Kosten erheblich reduzieren, wenn App-Entwickler auf Basis der erfolgreichen Systeme von Apple einen solchen Automaten mit Leben erfüllten anstatt Firmen, die das Rad komplett neu erfinden müssten. Die App am Bahnhof gliche dann der App auf dem heimischen TV, mit der man auch Bahnkarten kaufen könnte. Es würde nur noch eine Infrastruktur für die komplette Abwicklung gebraucht.

Warum sollten die Screens der Autos nicht auf Basis von Apples iOS funktionieren? Mercedes/AMG verbaut schon heute iPads als Sonderausstattung. Auch hier würden die Kosten gesenkt und die Bedienbarkeit sichergestellt. Apple müsste gar nichts Neues erfinden, da mit dem iPad das zentrale Gerät schon vorhanden wäre. Die Automobilhersteller müssten über die schon heute bekannte und programmierbare Schnittstelle des iPads ihre Systeme anbinden. Navigationssysteme, Unterhaltung und Telemetrie-Daten könnten so unter einer Oberfläche angeboten werden.

Auch wenn Apple wahrscheinlich keinen kompletten Fernseher wie im oben genannten Beispiel erläutert bauen wird – die Set-Top-Box, also die digitale Erweiterung des TVs, ist fertig und verkauft sich. In ihr ist für 99 Dollar alles enthalten, was man zum Abspielen und Ansteuern eines Bildschirms braucht. Das iOS läuft auf der Set-Top-Box mit einem schnellen Prozessor, und WLAN sowie eine HDMI-Schnittstelle sind vorhanden. Wenn Apple die Möglichkeiten des Apple TVs einmal freigibt und jeder Entwickler eigene Apple-TV-Apps bauen kann, werden andere Nutzungsszenarien nicht lange auf sich warten lassen. Ob bei McDonald's oder in der Spielhalle, überall, wo es einen Bildschirm gibt, kann das kleine, extrem preiswerte Gerät eingesetzt und mit einer speziellen App zu einer kostengünstigen und einfach zu bedienenden Alternative werden.

Egal, wo in Zukunft digitale Geräte bedient werden müssen, Apple hat die grundlegende Infrastruktur dafür schon jetzt geschaffen. Wer seine strategischen (digitalen) Ziele auf diese Möglichkeiten abstimmt, kann in den nächsten Jahren mit kreativen Einfällen Apps entwickeln und dabei mitverdienen.

Das Vertrauensproblem

Ob sich Zeitungsverlage, Automobilhersteller, Fernsehsender und andere Branchen jedoch auf Apple als Plattformanbieter einlassen, ist fraglich. Denn wer seine Geschäftsbeziehung und den Kundenkontakt an ein anderes Unternehmen – in diesem Falle Apple – abgibt, muss schon sehr gute Gründe dafür haben. Die spannende Frage ist, wie Apple auf dieses Vertrauensproblem reagiert. Wird es seine Systeme lizenzieren, um weiter zu wachsen, oder wird es den aktuellen Kurs beibehalten, um weiterhin die gesamte Wertschöpfungskette zu kontrollieren? Genau an dieser Stelle entscheidet sich auch, welchen Nutzen die Systeme von Apple in Zukunft für den Kunden haben werden. Ohne die volle Kontrolle würde es Apple kaum gelingen, derart anwenderfreundliche Systeme wie bisher zu entwickeln.

Die umfassende Überwachung führt aber auch zu Ängsten und wird viele Firmen abschrecken, auf Gedeih und Verderb auf Apple zu setzen. Zwar sind die Entwickler von Apps heute viel zufriedener mit Apples Systemen und den Umsätzen der Plattformen als beispielsweise mit den Angeboten von Google. Die Mehrzahl der Programmierer spricht den offenen Systemen von Google jedoch auf lange Sicht mehr Marktchancen zu. Aber auch das kann sich schnell ändern. Die Zusammenarbeit mit drei Automobilherstellern und entsprechende innovative Produkte können ausreichen, um zu zeigen, wie vorteilhaft Apple für große Unternehmen ist.

Funktional versus Offenheit

Kann Apple sich mit seinen geschlossenen, aber gut funktionierenden Systemen gegen das offene Modell der Wettbewerber durchsetzen? Im Moment sind es vor allem Apple und Google, die um die Vorherrschaft im mobilen Sektor kämpfen, und das mit immer härter werdenden Mitteln. Hier die perfekten Maschinen, einfach, schön und funktional, dort umfangreiche Möglichkeiten und Kompatibilität zu anderen Gerätschaften. Bei der Frage nach dem richtigen Geschäftsmodell werden noch viele andere mitmischen. Doch ob Google es auf lange Sicht durchhält, sich ausschließlich durch Werbung zu finanzieren, darf bezweifelt werden – zumal mit Facebook die größte Bedrohung gerade erst entsteht. Im Wettstreit um die Vorherrschaft hat Apple im Moment die Massen auf seiner Seite. Die sind verrückt nach iPod, iPhone und iPad. Das bestätigen die Quartalszahlen alle drei Monate immer wieder aufs Neue.

Mit Steve Jobs an der Spitze wird Apple sich vermutlich treu bleiben und in einer sehr massentauglichen Nische das Beste anbieten wollen. Apple wollte schon immer eher ein BMW als ein Volkswagen sein. Nur wenige Unternehmen der Elektronikbranche werden es in Zukunft mit Apple aufnehmen können. Der Druck, sich zu öffnen, ist folgerichtig gering. Eine dosierte Öffnung ist unter Umständen denkbar, wenn jemand anderes als Steve Jobs das Ruder übernimmt und die Erfindungen und Erfolge der letzten zwölf Jahre breiter vermarktet. Viele Experten gehen davon aus, dass eine Öffnung, zum Beispiel in Form eines von anderen Mobiltelefon-Herstellern lizenzierbaren iOS-Betriebssystems, Apple mehr Nutzer bescheren würde. Doch eine solche Entscheidung bedeutet eben auch weniger Kompatibilität, weniger Einfachheit und mehr Probleme in den Bereichen Sicherheit und Qualität. Denn das Apple Universum funktioniert vor allem deswegen so gut, weil Apple alle Aspekte darin kontrollieren kann.

Anstatt seine Systeme zu öffnen, könnte Apple eine andere Firma kaufen. Im Prinzip gibt es kaum ein Unternehmen, das finanziell nicht gestemmt werden könnte. Doch Apple funktioniert nicht wie eine typische Wallstreet-Firma. Es hat Jahre gedauert, die außergewöhnliche Kultur des Querdenkens zu installieren. Was würde die Übernahme von zum Beispiel Facebook bringen? Der innovative Geist ist nirgends so ausgeprägt wie bei der Firma mit dem angebissenen Apfel. Nur Apple pflegt eine Unternehmenskultur, die aus Innovationen garantiert Erfolge macht. Einer anderen Firma die eigene Identität überzustülpen wird jedoch schwierig sein. Die Folge: Man müsste wieder ganz von vorne anfangen. Vielleicht will bei Apple aber auch niemand eine andere Firma kaufen. Sehr wahrscheinlich denkt man im Bereich Firmen-Übernahme wieder einmal ganz anders als alle anderen.

Wachstum mit PCs?

Natürlich hat Apple neben dem Lifestyle-Markt, in dem die Produkte mit dem »i« positioniert sind, auch noch sein angestammtes PC-Geschäft: Dort kaufen jedoch immer noch achtzig Prozent der Kunden einen anderen Computer als einen Mac. Hier könnte eine Innovation von der Größenordnung des iPhones einiges in Bewegung bringen. Denn anders als in den neuen, mobilen Märkten kann Apple im PC-Bereich auf jahrzehntelange Erfahrungen mit Unternehmen zurückblicken. Neben den traditionell starken Bildungseinrichtungen hat man in den vergangenen Jahren auch Firmen wie den Axel Springer Verlag, der komplett auf Apple-PCs umstellte, als Kunden gewinnen können.

Eine entscheidende Frage der Zukunft wird also sein, ob und wie Apple den Weg zu den Firmen finden wird. Noch herrscht dort Microsoft, und Google wird mit seinen fast kostenlosen Angeboten parallel Boden gutmachen. Wird Apple den Businessbereich deshalb nur am Rande erreichen? Falls es Apple nicht gelingt, werden andere das Rennen machen und ihre Systeme platzieren? In diesem Fall wäre der Rest dann die Wiederholung der Geschichte: Apple als Innovator und Microsoft oder eben Google als Nutznießer und Gewinner. Wieder wäre Apple mit einer genialen Idee der Erfinder eines neuen Marktes gewesen, und wieder hätte ein anderer den Gewinn daraus eingestrichen.

Vielleicht wird Apple die Betriebssysteme Mac OS X und iOS technisch zu einem neuen universellen System verbinden und so die Apps auf den PC bringen. Ein Anfang ist bereits gemacht: Apple hat das erfolgreiche Prinzip des App Stores auch für den Mac zur Verfügung gestellt – allerdings werden in diesem Mac Store zu Beginn nur Programme für Apple-PCs vertrieben. Das ist der Transfer eines sehr lukrativen Geschäftsmodells: Denn in der Folge können ganz neue und gewinnversprechende Angebote über die Plattform von Apple gemacht werden. Zum Beispiel kann ein digitales Produkt wie der Rechentrainer *Kopfnuss* auf jedem nur denkbarem Screen laufen, vom Fernseher über das Smartphone oder den Tablett-PC bis hin zum heimischen PC oder Laptop. Zwar muss das Programm technisch an die Gegebenheiten des Mac-Betriebssystems angepasst werden, für die Vermarktung ist es gerade für kleinere Entwickler jedoch eine völlig neue Ausgangsposition, mit kleinen Programmen auch auf den großen Computern Einkünfte erzielen zu können.

Mit den Werbehaien schwimmen

Mit iAd ist Apple in den Werbemarkt eingestiegen, wo es sich in einem Haifischbecken mit sehr großen Haien bewegt. Das größte Risiko besteht dabei darin, die Marke Apple zu beschädigen und in Verruf zu bringen, wie es bereits Google und Facebook passiert ist. Denn um mit den anderen großen Fischen mithalten zu können, wird man ähnlich wie diese agieren müssen. Also: Umfangreiche Daten sammeln und eventuell weitergeben, auch wenn die Nutzer das nicht wollen. Nutzer, die sich bei Apple auch immer deshalb zu Hause gefühlt haben, weil es so überschaubar und kundenfreundlich war. Zielgruppengenaue Werbung auszuspielen erfordert jedoch eine Haltung, die den Nutzer nicht mehr als Kunden, sondern als Produkt begreift, das verkauft wird.

Google

Der aktuelle Wettstreit zwischen Apple und Google erinnert an die Auseinandersetzung, die sich Microsoft und Apple in den letzten Jahrzehnten geliefert haben. War man sich um die Jahrtausendwende noch relativ nah, etwa als der Chef von Google, Eric Schmidt, im Aufsichtsrat von Apple saß oder die Gründer der Suchmaschine Steve Jobs als CEO von Google einsetzen wollten, so ist man sich heute spinnefeind. Denn Google versucht mittlerweile, in fast allen wichtigen Geschäftsfeldern von Apple mitzumischen, vor allem bei den mobilen Plattformen.

Googles Zukunft sieht rosig aus. An allen Fronten der digitalen Transformation kann das Unternehmen Angebote machen, ohne damit Geld verdienen zu müssen, da der digitale Werbemarkt fast monopolistisch von Google beherrscht wird. Googles Suchmaschine fungiert als Gatekeeper und ermöglicht dem Konzern gleichzeitig eine hervorragende Ausgangssituation im Kampf um die Zukunft im Netz. Wer die Suche kontrollieren kann, kontrolliert die Besucherströme zu Shops-, Marken- und Unternehmenswebseiten sowie die Nachrichtenangebote und vieles andere. Und Google hat sein Potential noch lange nicht ausgeschöpft.

Wer im Netz möglichst viele Menschen erreichen will, kommt an Google nicht vorbei. Mit dem technisch ausgereiften Adserver für digitale Werbung kann das Unternehmen langfristig jeden Wettbewerber schlagen. Niemand weiß heute so viel über das Netz wie der Suchgigant, der technisch auch noch in der Lage ist, diese Informationen zu monetarisieren. Wer beispielsweise eine Werbekampagne im Netz starten will, kann nach Auskunft zahlreicher Fachleute mit Google-Technologie Werbung ausliefern, deren Kosten-Nutzen-Relation unschlagbar ist. Mit anderen Worten: Google kennt die Webseiten, Google kennt die Nutzer, und Google bietet durch die Ausnutzung dieser Daten die effizienteste Onlinewerbung an.

Darüber hinaus hat Google über einhundert webbasierte Produkte online, die neben der Suche viele andere Bereiche des Webs abdecken. YouTube allein ist für einen maßgeblichen Teil des weltweiten Internetverkehrs zuständig und könnte in Sachen Reichweite schon in ein paar Jahren bedeutender werden als alle großen Fernsehstationen. Verschiedene Suchprodukte wie Google Street View, Google Book Search oder auch der Dienst Goggle, der mit dem Mobiltelefon aufgenommene Fotos analysiert und die in den Bildern enthaltenen Informationen anzeigt, werden die Google-Dominanz im Bereich der Suchmaschinen für die nächsten Jahre zementieren.

Der Angriff mit Android

Die Ankündigung von Google, ein kostenloses Navigationssystem im Rahmen der hauseigenen, mobilen Android-

Plattform auf den Markt zu bringen, hat zu dramatischen Kurseinbrüchen der bis dahin erfolgreichen Hersteller von Navigationsgeräten geführt. Der Markt für kostenpflichtiges digitales Kartenmaterial wurde, wie Jeff Jarvis sagen würde, »googelisiert«, also auf gut Deutsch – vernichtet. So ähnlich wird es auch den Herstellern von Navigationsgeräten gehen. Anders als bei Apple, wo Hersteller wie TomTom oder Navigon ihre Version eines Routenplaners als Applikation erfolgreich im App Store anbieten und Teil einer Plattform wurden, auf der man Geld verdienen kann, müssen die Hersteller nun fürchten, auf lange Sicht durch die Kostenlos-Kultur von Google ihre Geschäftsgrundlage zu verlieren. Wenn erst genug Navigationssysteme verteilt sind, kann Google lokalen Werbekunden ortsbasierte Zielgruppen liefern: Lokale Händler oder Restaurants könnten die Option buchen, auf allen vorbeifahrenden Navigationssystemen sichtbar zu werden, um mit besonderen Angeboten zu locken.

Office im Web

Auch ein Pendant zu Microsofts Office ist im Portfolio von Google zu finden. Mit den Google Apps bietet der Suchriese die Infrastruktur für eine Revolution: die Abkehr von Programmen, die man auf Computern installiert, und die Verwirklichung der alten Vision, dass alle Programme im Netz laufen, sicher, stabil und ohne die heutigen Wartungskosten in den Rechenzentren. Täglich melden sich Tausende Unternehmen bei den neuen Diensten von Google an, was die Firma zu einem der ärgsten Wettbewerber von Microsoft machen dürfte. Die im Browser ablaufenden Programme erfüllen schon heute ihren Zweck. Und die zahlreichen von freien Entwicklern zusätzlich angebotenen Lösungen werden immer mehr Firmen davon überzeugen, dass es sich lohnt, in die »Cloud« zu wechseln. Hier hat Apple am meisten Nachholbedarf, wenn man von ein paar hölzern wirkenden Versuchen absieht, Dokumente aus der eigenen Office-Anwendung iWork über einen Webbrowser zu betrachten.

Die Art und Weise, wie bei Google Software entwickelt, getestet und distribuiert wird, hat sich ebenfalls fundamental verändert. Googles App Engine ist eine Technologieplattform, mit der jeder Entwickler auf die Google-Infrastruktur zurückgreifen kann. Bis zu einer bestimmten Anzahl von Nutzern bzw. einer bestimmten Menge an Datenverkehr sogar kostenlos. Dadurch könnte Google schon bald so etwas wie ein Synonym für das ganze Internet werden. Fachleute sprechen davon, dass Google schon heute den größten Teil der Internetserver und -infrastruktur stellt. Dadurch, dass Entwickler sich nicht mehr um das Hosting und den Betrieb ihrer Anwendungen kümmern müssen, schafft Google die Voraussetzung für mehr Vielfalt – ähnlich wie es Apple im App Store für das iPhone vorgemacht hat.

Schließlich ist Google mit seiner Expansion noch lange nicht am Ende. Die Schlagzahl, mit der die Firma aus Mountain View Innovationen auf den Markt wirft, erhöht sich. Allein 2010 wurden weit über einhundert Innovationen online gebracht. Die Geschwindigkeit wird noch mehr zunehmen, und mit der Fertigstellung von Chrome OS, einem neuen Online-Betriebssystem, kann Google endgültig in allen Bereichen der digitalen Welt mitmischen oder sie sogar dominieren.

Datensammler

Die Systeme von Google haben eine Gemeinsamkeit. Sie verfügen über ein zentrales Nutzerkonto, in dem alle Informationen gespeichert werden: alle Suchanfragen, alle Bilder, alle Videos, alle Texte, die der User schreibt, und natürlich auch alle E-Mails, die er verschickt. Hier könnte sich ein Problem für Google zusammenbrauen. Neben der Frage, ob Regierungen und Wettbewerber bzw. Nutzer einen Monopolisten so weitermachen lassen wie heute, werden die Rufe nach Datenschutz, Privatsphäre und Machtbegrenzung des wirtschaftlich orientierten Konzerns lauter werden. Wie viel Vertrauen genießt Google in drei Jahren?

Außerdem muss Google etwas gegen den drohenden Verlust seines Markenkerns tun. Denn bei immer mehr Suchanfragen kann Googles Suchmaschine keine relevanten Treffer mehr anzeigen, weil immer mehr Inhalte in Apps oder hinter den Benutzerkonten der Nutzer versperrt sind. Damit wird die Idee, alle Informationen für alle Menschen kostenlos verfügbar zu machen, zu einer schwierigen Herausforderung.

Facebook

So wie Google als einer der Gewinner der Dot-Com-Phase gelten muss, ist Facebook der klare Sieger der Web-2.0-Ära. Wie Google ist auch Facebook eine Firma, die es ohne erkennbaren Grund, zufällig und ohne initiales Geschäftsmodell geschafft hat, sich an allen vorbei auf den ersten Platz zu schieben. Facebook ist ein Phänomen, ein Trend, dem sich niemand mehr entziehen kann. Mit weltweit über 500 Millionen Benutzern und einem rasanten Wachstum ist es das erste globale Medium und ein ernstzunehmender Wettbewerber für alle klassischen Medien.

Facebook bietet seinen Nutzern die zentrale Plattform für Austausch und Kommunikation. Jeder, der sich dort anmeldet, richtet sich ein individuelles Profil ein, um seine Freunde durch Statusmeldungen auf dem Laufenden zu halten (»Bin jetzt mal weg«, »Ich höre Musik«, »Zurück aus dem Urlaub«) oder Videos und Fotos auszutauschen. Wo genau der empfohlene Inhalt liegt, ist dabei egal. Facebook ist kein Medium, das eigene Inhalte produziert, sondern hat es wie Google geschafft, fremde Inhalte für sein Wachstum zu nutzen. Dabei greift Facebook auf das erfolgreiche Geschäftsmodell von Google zurück und bietet zielgruppengenaue Werbung, die die Nutzer neben ihren Profilen finden. Die Möglichkeiten, das Publikum für die eigene Werbung einzugrenzen, gehen von Geschlecht über Bildung bis hin zum Wohnort. Der Vorteil: Man kann auf ein paar Hundert Personen zugeschnittene Werbung schalten. Effizienter geht es kaum, und aus Sicht von Google wächst hier ein potenter Wettbewerber im angestammten Kerngeschäft.

Plattformen als Wertschöpfung

Facebook hat erkannt, dass in Plattformen die Zukunft liegt, und seine Schnittstellen als einer der Ersten für externe Entwickler geöffnet. Mit überwältigendem Erfolg, wenn man sieht, dass mit den Apps auf Facebook heute Millionen umgesetzt werden. Facebook erlaubt Programmierern, beliebige Anwendungen zu realisieren und diese innerhalb der eigenen Strukturen anzubieten: Seit 2009 wurden Anteile der Firma Zynga an verschiedene Investoren für dreistellige Millionenbeträge verkauft – auch Google war unter den Käufern. Zynga hatte es geschafft, in kürzester Zeit mit Spielen wie *Farmville* oder *Mafia Wars* über 25 Millionen Facebook-Nutzer zu gewinnen. Das Geschäftsmodell der Social Games ist vielversprechend und bewährt: Ein Spieler in *Farmville* betreibt einen Bauernhof und muss, um erfolgreich zu sein, möglichst viele Kühe, Schafe oder Hühner besitzen. Wem es dabei zu lange dauert, bis seine virtuellen Kühe auf natürlichem Wege zu Nachwuchs gekommen sind, kauft sich für echtes Geld ein paar virtuelle Exemplare dazu und spart so Zeit. Da es sich jeweils nur um kleine Summen handelt, ist die Bereitschaft zu investieren groß. Einen Teil der persönlichen digitalen Reputation kann man heute auf Facebook erringen, also ist ein florierender Bauernhof oder Mafiaclan eine gute Investition in den eigenen Ruf – zumindest für die Fans von Computerspielen. Wer einmal Zeit und auch Geld geopfert hat, wird diese Investition schützen wollen – mit noch mehr Zeit und Geld. Ein Kreislauf, der immer mehr Nachfrage generiert.

Ist Facebook das neue Fernsehen?

Facebook wird mehr und mehr zu einem Unterhaltungsapparat, der die verschiedensten Zielgruppen bedienen kann. Kombiniert mit einem Laptop auf dem Schoß oder einem iPad in der Hand nutzen heute immer mehr Menschen das soziale Netzwerk parallel zu anderen Medien. Es ist wie eine Party, die niemals aufhört, bei der es immer was zu erzählen, zu sehen und zu tun gibt. Facebook wird in Zukunft einen großen Teil der gesamten Medien-Aufmerksamkeit der Menschen auf sich ziehen und von dort wiederum verteilen.

Das Online-Netzwerk wird auch immer attraktiver für Markenartikler, Unternehmen und andere Institutionen. Mit einer Kampagne, die auf den offenen Schnittstellen basiert, lassen sich Markenbotschaft und Unterhaltung transportieren. Die Botschaften kommen zum Kunden – so wie in der klassischen Medienwelt. Wo die Marken sind, ist das Geld, und in Zukunft wird Facebook mit seiner Reichweite enorme Summen an Werbegeldern auf sich vereinen können – vor allem solche, die heute noch in emotionale

Spots für Kino und Fernsehen fließen. Denn Markenartikler werden ihre Marken auch im digitalen Zeitalter weiterhin mit emotionaler, involvierender Werbung aufbauen, und das schafft man nicht mit bloßen Textanzeigen. Die sind gut für den Vertrieb.

Die Kooperationen von Facebook sind schon heute sehr zukunftsträchtig: Da gibt es die Integration in den Suchdienst Bing von Microsoft, der als ernster Angriff auf Google gewertet wird, da es sich um einen bisher exklusiven Deal handelt. Dabei versorgt Facebook Microsoft mit den notwendigen Daten, um auf Suchanfragen von Nutzern auch mit Inhalten von Facebook antworten zu können. Die Kooperation mit Skype, einer Kommunikationssoftware, mit der man unter anderem Videoanrufe tätigen kann, verschafft Facebook genug Zeit, um entweder eine eigene Videotelefonie-Lösung zu entwickeln oder Skype irgendwann voll zu integrieren.

Vielleicht ist der finanziell notwendige Einzug der Werbeindustrie auf Facebook der größte Feind des Netzwerkes, das durch die Inhalte seiner Nutzer groß geworden ist. Facebook-Nutzer empfinden die Plattform als etwas Persönliches und Privates, als etwas, das ihnen gehört. Schon kleinere Änderungen in den AGB haben zu millionenfacher Kritik geführt. Ob Mark Zuckerberg, dem jungen Chef der Firma, der Spagat zwischen Community und Commerce gelingt, wird sich zeigen. Die besten Aussichten auf eine erfolgreiche Zukunft hat Facebook jedenfalls.

Microsoft

Der Wettstreit zwischen Apple und Microsoft wurde von Steve Jobs 1997 eigentlich höchstpersönlich beendet. Bei einer Keynote anlässlich der MacWorld schaltete er Bill Gates per Videokonferenz hinzu, damit sie zusammen die neue Partnerschaft der beiden Firmen erklären konnten. Dass dieser Schachzug Apple rettete, ändert nichts daran, dass Apple und Microsoft im klassischen PC-Markt weiterhin Wettbewerber sind.

Die Versuche von Microsoft, in den von Apple geschaffenen Märkten Fuß zu fassen, etwa im Bereich der iPods oder iPhones, sind bis dato hingegen gescheitert. Denn die »alte Dame« der Informationstechnologie agiert eher unbeholfen. Es fehlen wirklich neue und dynamische Ideen. Egal, was die ehemals erfolgreichste Firma der Branche anfasst, es will nicht richtig funktionieren: Windows Vista war ein Desaster, das viele vor allem junge Menschen zur Alternative Apple getrieben hat. Selbst die härtesten Windows-Fans konnten mit dem groß angekündigten Jahrhundert-Update nichts anfangen, und Gamer haben die Version einfach ausgelassen. Der MP3-Player Zune sollte ein iPod-Killer werden, Windows Mobile stemmte sich gegen den Erfolg von iPhone und anderen Smartphones.

Aber all dies blieb wie auch die Übernahme von Yahoo! erfolglos.

Microsoft handelt wie ein alter Hase, der nicht versteht, dass sich die Welt weiterentwickelt hat. Die Geschäftsmodelle der alten Zeit sollen in die neue Ära gerettet werden. Dabei kann man davon ausgehen, dass neben den klassischen EDV-Abteilungen der Unternehmen mehr und mehr digitale Innovations-Teams etabliert werden, die neue agile Systeme und Methoden nutzen. Dazu sind die alten Produkte von Microsoft aber nicht geeignet, weswegen man Microsoft eigentlich abschreiben könnte, wäre da nicht die absolute Dominanz im Businessbereich. Kaum ein Unternehmen kommt ohne die Produkte aus Redmond aus: Windows, Office, Exchange und viele andere Microsoft-Programme sind in den meisten Firmen heute Standard. Im Business-Umfeld ist das so etwas wie die Lizenz zum Gelddrucken, denn die Mühlen der meisten Unternehmen mahlen langsam, und die Verträge sind langfristig abgeschlossen. Hier wird Google zwar Erfolge feiern, aber um diesen Markt schnell zu gewinnen, werden auch die Erlöse aus dem Suchmonopol nicht ausreichen.

Außerdem hat Microsoft nach dem Ausscheiden seines Gründers Bill Gates neue Geschäftsmodelle entdeckt: Cloud-Computing-Angebote, Windows 7, das in Fachkreisen wieder gelobt wird und als die Rettung von Microsoft gilt, die Beteiligung an Facebook und die Erfahrung im Spiele-Bereich mit der Xbox könnten Eckpfeiler einer neuen Zukunft sein. Microsoft hat wie die anderen Großen außerdem umfangreiche Barmittel, um in andere Firmen zu investieren.

Die wertvollste Firma der Welt

Apple wird sich in Zukunft nicht nur mit den großen Dreien – Google, Facebook und Microsoft – messen müssen: Auch Nokia wird versuchen, die Innovationskraft früherer Tage wieder zu entfachen, und auf dem Smartphone-Sektor kräftig investieren. Sony und Nintendo sind etablierte Lifestyle-Marken, die nicht tatenlos zusehen werden, wie ein PC-Hersteller ihre Märkte dominiert. Apple hat mit seinen Produkten, vor allem mit iPod, iPhone und iPad, für viel Aufregung gesorgt und wird jetzt dafür von allen Seiten angegriffen.

Obwohl viele die Firma mit dem angebissenen Apfel längst zu den Akten gelegt hatten, hat sie seit Ende der neunziger Jahre einen atemberaubenden Siegeszug hingelegt. Wenn man den Verlauf des Aktienkurses und die Prognosen über die Kursentwicklung von Apple ansieht, kann sie es in den nächsten Jahren trotz der großen Konkurrenz sogar schaffen, zur wertvollsten Firma der Welt zu werden. Indem sie weiterhin hochwertige und schöne Produkte entwickelt, für die Kunden bereit sind, viel Geld zu zahlen, und indem sie, ohne auf andere zu achten, die eigenen Ideen kompromisslos weiterverfolgt und stetig neue Wertschöpfungsketten entwickelt.

Wer digital Geld verdienen will, kann nicht nur von Apple lernen, wie das am besten geht, er kann dazu auch die Plattformen, Produkte und Lösungen des Unternehmens selbst nutzen. Wie auch immer sich die Zukunft entwickelt, Apple hat mehr als einmal bewiesen, wesentlicher Teil und Treiber derselben zu sein. Wer den Mut hat, aus Nutzern wieder Kunden zu machen, wird bereits kurzfristig sehen können, ob er langfristig Erfolg haben wird: Denn wenn Nutzer bereit sind, für ein Produkt zu zahlen, ist es wert, ausgebaut zu werden.

Abspann

Das Buch – der Blog

Das Buch erhebt keinen wissenschaftlichen Anspruch und soll auch nicht als Insiderstory verstanden werden. Es gibt keine Verbindungen zwischen dem Autor und dem Unternehmen Apple. Der Autor hat weder bei Apple gearbeitet noch jemals Geld von der Firma bekommen.

Da die Inhalte in der gedruckten Variante dieses Textes nicht aktualisiert werden können, dient eine Internetseite als Fortführung:

Auf dem Blog www.was-wuerde-apple-tun.de können sich Interessierte über Entwicklungen in Sachen Apple und digitaler Zukunft auf dem Laufenden halten.

Danke

Sabrina, David, Mark, Nicola, Christopher, Paul, Hannah Lu, Ella, Tanja, Sille, Bene, Tom, Wiebke, Hans, Heiner und Bernd.

Besonderer Dank geht an Petra Eggers, die mich als Agentin vertritt und den Econ Verlag für dieses Buch gefunden hat.

Ebenso danke ich den Mitarbeitern des Econ Verlages, allen voran Ramona Jäger, die als Lektorin geduldig, kompetent und in einem wunderbar iterativen Prozess einen großen Beitrag zum vorliegenden Text geleistet hat. Ebenso danke ich Jürgen Diessl und Michael Schickerling für ihre zahlreichen Ratschläge und das große Interesse, mit dem sie die Entwicklung des Buches begleitet haben.

»Mit dieser Brille lässt sich das Leben besser sehen«

Frankfurter Allgemeine Sonntagszeitung

Tim Harford · **Warum Sie immer an der falschen Kasse stehen**
Ökonomische Antworten auf 163 Alltagsfragen
240 Seiten, Klappenbroschur
€ [D] 16,95 · € [A] 17,50
ISBN 978-3-430-20091-2

Sie stehen immer an der falschen Kasse? Ihre Socken verschwinden oft auf mysteriöse Weise? Sie finden nie das richtige Weihnachtsgeschenk? Dann lesen Sie dieses Buch!
Mit Hilfe der Wirtschaftstheorie gibt Tim Harford praktische Antworten auf alltägliche Fragen. Ein origineller und witziger Ratgeber für alle Lebenslagen – und eine kurzweilige Einführung in die Welt der Ökonomie.

Econ

»Dieses Buch hilft, die richtigen Entscheidungen zu treffen«

New York Times

Richard H. Thaler / Cass R. Sunstein · **Nudge**
Wie man kluge Entscheidungen anstößt
388 Seiten · Gebunden mit Schutzumschlag
€ [D] 22,90 · € [A] 23,60
ISBN 978-3-430-20081-3

Nudge – so heißt die Formel, mit der man andere dazu bewegt, die richtigen Entscheidungen zu treffen. Denn Menschen verhalten sich von Natur aus nicht rational. Nur mit einer Portion List können sie dazu gebracht werden, vernünftig zu handeln. Aber wie schafft man das, ohne sie zu bevormunden? Wie erreicht man zum Beispiel, dass sie sich um ihre Altervorsorge kümmern, umweltbewusst leben oder sich gesund ernähren? Darauf gibt Nudge die Antwort.

Econ